CURSORIA 1

Leseabenteuer mit Herkules und Theseus

Cursus, Ausgabe A/B/N, Lektion 1–20

Lektionenbegleitende Texte
zur Wiederholung und Vertiefung von
Wortschatz und Grammatik
– mit Lösungen –

Herausgegeben von
Friedrich Maier und Stephan Brenner
Verfasst von Friedrich Maier und Ulrike Severa

Oldenbourg
C.C. Buchner
Lindauer

Cursus, Ausgabe A/B/N – Unterrichtswerk für Latein

herausgegeben von Prof. Dr. Friedrich Maier und Dr. Stephan Brenner
und bearbeitet von
Britta Boberg, Reinhard Bode, Dr. Stephan Brenner, Prof. Andreas Fritsch, Michael Hotz, Prof. Dr. Friedrich Maier, Wolfgang Matheus, Ulrike Severa, Hans Dietrich Unger, Dr. Sabine Wedner-Bianzano, Andrea Wilhelm

Berater: Hartmut Grosser

Redaktion: Andrea Forster
Illustration: Elina Deberdeeva, München
Karten: Achim Norweg, München
Umschlagkonzept: Mendell & Oberer, München
Umschlag: Groothius, Lohfert, Consorten GmbH, Hamburg

Umschlagfotos vorne: Reinhard Bode, Mechterstädt; akg-images/Peter Connolly; Johannes Breyer, Weiden i. d. Opf.
hinten: Hans Dietrich Unger, Bad Brückenau; Interfoto, München

Technische Umsetzung: artesmedia GmbH, Glonn

www.oldenbourg.de
www.ccbuchner.de

1. Auflage, 7. Druck 2016

Alle Drucke dieser Auflage sind inhaltlich unverändert
und können im Unterricht nebeneinander verwendet werden.

Druck: H. Heenemann, Berlin

ISBN 978-3-637-00341-5 (Oldenbourg Schulbuchverlag)
978-3-7661-5302-9 (C.C. Buchner Verlag)
978-3-87488-341-2 (J. Lindauer Verlag)

PEFC
PEFC/04-31-1156

PEFC zertifiziert
Dieses Produkt stammt aus nachhaltig
bewirtschafteten Wäldern und kontrollierten
Quellen.

www.pefc.de

Inhalt

Vorwort

Liebe Schülerinnen und Schüler!

Das Leseheft **CURSORIA 1** bietet euch eine Möglichkeit zur Wiederholung des Wortschatzes und der Grammatik, die ihr Lektion für Lektion in eurem Lehrbuch **CURSUS, Lektion 1–20**, erarbeitet habt. Die 20 Texte enthalten immer den Grammatikstoff und den größten Teil des Wortschatzes der zugehörigen Lektion des Lehrbuches. Ihr könnt also euer Wissen und Können Schritt für Schritt an Texten mit neuen Inhalten testen und euch für den weiteren Unterricht oder für Prüfungsarbeiten fit machen.

CURSORIA 1 entführt euch in die griechische Sagenwelt: Die 20 Texte handeln von den Heldentaten des Herkules und des Theseus; jede Geschichte erzählt ein neues Abenteuer, aber alle hängen miteinander zusammen, sodass ihr eine „fortlaufende Erzählung" (*Cursoria*) lesen könnt.

Im Leseheft **CURSORIA 1** geben wir euch also ein Trainingsprogramm an die Hand, mit dem ihr allmählich lernt, lateinische Texte selbstständig zu übersetzen. Dadurch gewinnt ihr Sicherheit im Erkennen und Analysieren der lateinischen Wörter, Formen und Konstruktionen und ihrer Wiedergabe im Deutschen. Mithilfe der Lösungen in der Mitte des Leseheftes könnt ihr allein, zusammen mit Mitschülerinnen und Mitschülern oder den Eltern kontrollieren, wie gut ihr übersetzt habt.

Ihr werdet in **CURSORIA 1** einige Symbole entdecken:

i Hier findet ihr die wichtigsten Vorinformationen zur jeweiligen Geschichte. Lest sie genau, bevor ihr mit der Übersetzung beginnt.

* Damit ihr euch in all den Namen von Göttern, Fabelwesen und Ungeheuern der griechischen Sagenwelt zurechtfindet, gibt es ab S. 34 ein ausführliches Eigennamenverzeichnis, wie ihr es bereits aus eurem Lehrbuch kennt. Die Eigennamen sind nur da mit einem * versehen, wo sie im jeweiligen Text das erste Mal vorkommen.

📖 Wörter und Wendungen mit diesem Symbol werden zwar öfter gebraucht, sind aber im Wortschatz der jeweiligen Lektion oder im Lehrbuch nicht enthalten. Wir haben sie deshalb für euch in einem „Mini-Wörterbuch" auf S. 33 zusammengefasst. Einfach nachsehen!

Eure spannende Lesereise in die griechische Sagenwelt kann beginnen. Wir wünschen euch viel Spaß und Erfolg mit **CURSORIA 1**.

Friedrich Maier und Ulrike Severa

1 Herkules hat Langeweile

i Die Göttermutter **Juno** (*griech.* Hera) war an Kummer mit ihrem Mann **Jupiter** (*griech.* Zeus) gewöhnt, denn er konnte es einfach nicht lassen, vom Olymp herabzusteigen, um mit schönen Frauen zu flirten. Dies blieb nicht immer ohne Folgen. So auch sein Flirt mit der mykenischen Königin **Alkmene**, die ihm den Halbgott **Herkules** (*griech.* Herakles) gebar. Juno tobte vor Wut und legte dem Baby zwei Schlangen in die Wiege, die es töten sollten. Dieser Plan ging gründlich schief, denn der kleine Herkules besaß bereits solch übermenschliche Kräfte, dass er die beiden Schlangen kurzerhand erwürgte. Herkules wuchs heran und von frühester Jugend an hatte er Lust auf gefährliche Abenteuer. Tatenlos herumliegen konnte er nicht. Der junge Mann war kräftig und attraktiv. Er war der Schwarm aller jungen Mädchen. Kein Wunder, dass sich die Königstochter **Deianira** in Herkules verliebte – und er sich in sie!

1 Hercules* sub sole[1] iacet. Canis prope[2] stat et tacet.
2 Sol ardet. Silentium est. Etiam asinus tacet, non iam clamat.
3 Quid Hercules exspectat? Cur ei[3] sol non placet?
Cur ei[3] silentium non placet?
4 Subito canis clamat. Asinus non iam tacet. Quid est?
5 Quis venit? Ecce, Deianira*, amica Herculis[4], venit!
6 Sed cur non iam sub sole[1] iacet Hercules? Ubi est?
7 In villa[5] stat et exspectat.
8 Amica cessat propius[6] venire. Cur cessat?
9 Quid est? Cur Herculi[7] non placet esse cum amica[8]?

[1] sub sole: in der Sonne [2] prope: in der Nähe [3] ei: ihm [4] Herculis: des Herkules [5] in villa: im (Land-)Haus
[6] propius: näher [7] Herculi: dem Herkules [8] cum amica: mit der Freundin

2 Besuch von Deianira

i Seine Abenteuerlust trieb Herkules dazu, sich höchsten Gefahren auszusetzen. Mit Keule, Speer, Pfeil und Bogen trat er gegen jeden Gegner an. Zum Schutz trug er ein Löwenfell, das zu seinem Erkennungszeichen wurde. Ob Mensch oder wildes Tier – Herkules blieb immer Sieger. Seine Mittel dabei waren Kraft und Schlauheit. Der unbändige Tatendrang machte den Jupitersohn zu einem der berühmtesten Helden der griechischen Sage.

1 Ecce! Ibi venit tota[1] familia Deianirae[2].
2 Veniunt amici Herculis, apparent etiam eorum[3] servi atque servae.
3 Cito appropinquant et salutant: „Salve, Hercules!“
4 Tum Hercules: „Salve, Deianira! Salvete, amici et amicae!“
5 Hercules ridet et gaudet. Nunc ei placet esse cum Deianira[4].
Nam adsunt[5] etiam amici.
6 Quid amici apportant? Properant et clamant: „Hic[6] sunt dona!“
7 Dona Herculi certe placent; nam sunt arma[7]. Et Herculi placet pugnare[8].
8 Cuncti[9] rident et gaudent.
9 Sed subito tacent. Ecce! Procul equus apparet.

[1] tota: die ganze [2] Deianirae: der Deianira* [3] eorum: ihre [4] cum Deianira: mit Deianira [5] adesse: da sein
[6] hic: hier [7] arma: die Waffen [8] pugnare: kämpfen [9] cuncti: alle

3 Dienstantritt beim König

i Juno war immer eifersüchtig auf die Geliebten ihres Gemahls. Die Kinder, die aus seinen Flirts hervorgegangen waren, hasste sie über die Maßen. Gerade Herkules verfolgte sie sein ganzes Leben lang mit ihrem Hass. Durch eine List sorgte sie dafür, dass nicht er, sondern Eurystheus König von Mykene wurde. Als Herkules Anspruch auf den Thron erhob, wurde er von **Eurystheus** zu zwölf Jahren Knechtschaft verurteilt. Der Sklavendienst, den er dem König leisten musste, wurde ihm zum Schicksal.

1 Equus stat. Tum eques clamat: „Rex[1] Eurystheus* iubet:
2 ‚Statim, Hercules, in aulam regiam[2] venire et verba eius[3] audire debes.'"
3 Hercules respondet: „Cur rex Eurystheus me vocat? Quid rogat?"
4 Tum nuntius: „Monstra[4] ubique[5] pericula parant.
5 Homines[6] pericula valde timent. Non iam in provincias properant, non iam in insulas navigant."
6 Hercules rogat: „Unde monstra[4] veniunt? Quid ego facere[7] debeo?"
7 Eques respondet: „Te rex[1] vocat. Tu debes pugnare cum monstris[8]. Nam pericula non iam diutius[9] esse debent[10]."
8 Hercules: „Certe mihi[11] placet parere. Statim in aulam regiam[2] properare paro."
9 Amici non gaudent. Sed cur Deiranira lacrimas non iam tenet?

[1] rex: König [2] aula regia: Königshof [3] verba eius: seine Worte [4] monstra: Ungeheuer [5] ubique: überall [6] homines: die Menschen [7] facere: tun [8] cum monstris: mit den Ungeheuern [9] diutius: länger [10] non debere: nicht dürfen [11] mihi: mir

4 Herkules' erster Auftrag

i Im Dienste des Königs Eurystheus, der Herkules am liebsten tot gesehen hätte, hatte unser Held wahrlich nichts zu lachen. Eurystheus gab ihm nämlich Aufträge, die so gefährlich waren, dass sie ein normaler Mensch gar nicht bewältigen konnte. Herkules' übermenschliche Fähigkeiten waren stets gefordert. Der erste Auftrag lautete: „Töte den **Nemeischen Löwen**!" Der versetzte schon seit langem die Menschen der Stadt Nemea in Angst und Schrecken. Niemandem war es bisher gelungen, dieses Untier, das als unverwundbar galt, zur Strecke zu bringen. Ob Herkules es schafft, den Löwen zu bezwingen?

1 Hercules aulam regiam intrat. Ibi rex[1] et regina sedent; nam Herculem exspectant. Homo robustus[2] eis[3] valde placet.

2 Rex[1] Herculem salutat: „Salve, Hercules! Tu servus meus[4] es. Verba mea[4] audire debes.

3 Populus iam diu pericula timet. Nam bestiae[5] malae[6] ubique sunt.

4 Tu solus[7] furorem bestiarum[5] domare[8] potes[9]. Neque iam diutius homines timere debent."

5 Hercules respondet: „O rex[1], certe ego tibi[10] parere cogito."

6 Statim signum dat. Iam incitat equum neque cessat in provinciam properare.

7 Ibi leonem[11] Nemeum* videt. Iam homo et bestia[5] pugnant. Quantus[12] ardor leonis[11]! Quantum[12] spectaculum! Hercules clamat, clamor bestiae[5] magnus[13] est.

8 Populus pugnam[14] videt. Tandem Hercules leonem[11] superat[15]. Cuncti clamant: „Ave, Hercules!"

9 Tum simulacra deorum et dearum adorant[16].

[1] rex, regis *m*: König [2] robustus: stark [3] eis: ihnen [4] meus: mein/mea: meine [5] bestia, -ae: wildes Tier, Bestie [6] malae: böse [7] solus: allein [8] domare: bändigen [9] potes: du kannst [10] tibi: dir [11] leo, leonis *m*: Löwe [12] quantus/quantum: wie groß [13] magnus: groß [14] pugna, -ae: Kampf [15] superare: besiegen [16] adorare: anbeten

5 Herkules kämpft mit List

i Mit dem Nemeischen Löwen hatte sich Eurystheus also gründlich verrechnet, aber es gab schließlich noch eine Menge anderer schrecklicher Ungeheuer.
Kaum war Herkules unversehrt nach Mykene zurückgekehrt, hatte Eurystheus schon die nächste Gemeinheit parat. Er beauftragte Herkules, einen **riesigen Eber** einzufangen, der auf dem Berg Erymanthos hauste und das Land Arkadien bedrohte. Auf dem Weg dorthin wird Herkules von den **Kentauren**, wilden Wesen mit Pferdeleib und Menschenkopf, angegriffen. Mit vergifteten Pfeilen bringt Herkules viele von ihnen zur Strecke, doch eben nicht alle. Unter den Überlebenden ist **Nessus** und der sollte ihm eines Tages zum Verhängnis werden. Zunächst jedoch musste Herkules den wilden Eber bezwingen. Mit welchem Trick besiegt er das Untier?

1 Tum Hercules ad Eurystheum* regem accurrit et dicit: „Leo Nemeus* necatus est[1].“
2 Rex respondet: „Certe gaudemus, sed, Hercules, multa alia monstra[2] necare[3] debes.
3 Etiam in[4] Arcadia* monstrum, aper ingens[5], hominibus pericula parat. Homines ibi bestiam valde timent.
4 Ego dominus sum. Quis dominis parere non debet? Certe etiam tu domino pares. Sed cur cessas?“
5 Neque Hercules cessat. Nam semper parere solet.
6 Statim in Arcadiam decedit et aprum Erymantheum[6] quaerere cogitat.
7 Tandem in Arcadiam invadit. Monstrum ibi agros[7] vastat[8] atque hominibus terrorem[9] parat.
8 Hercules furorem bestiae non timet. Subito bestiam videt.
9 Hercules non statim pugnat, sed exspectat. Cogitat: „Bestia fugae se[10] dare non debet. Sed ante noctem bestiam invadere non possum.“
10 Tandem nox est. Hercules monstrum, dum dormit, captat[11]. Tum bestiam captatam[11] regi apportat.
11 „Ecce bestia!“, clamat et regem et reginam rogat: „Cur non plauditis?“ Rex et regina plaudunt.

[1] necatus est: (er) ist getötet [2] multa alia monstra: viele andere Ungeheuer [3] necare: töten [4] in: in
[5] aper ingens: ein riesiger Eber [6] aprum Erymantheum: den Erymanthischen Eber [7] agros (*Akk.*): das Gebiet
[8] vastare: verwüsten [9] terror, -oris *m*: Schrecken [10] se: sich [11] captare/captatam (*Akk.*): fangen/gefangen

6 Doppelter Kampf

i Auf Kreta treibt ein riesiger Stier sein Unwesen und jagt allen Angst und Schrecken ein. Er gehört König **Minos**, dem König der Insel. Eurystheus beauftragt Herkules, nach Kreta zu segeln und den „**Minosstier**“ zu besiegen. Was Eurystheus nicht ahnt: Herkules wird ihm aus Kreta ein ganz besonderes „Souvenir“ mitbringen, doch vorher hat unser Held auf der Rückreise nach Mykene noch ein weiteres gefährliches Abenteuer zu bestehen: Piraten lauern überall!

1 Eurystheus* non gaudet neque laetus est. Sed dicit: „Hercules, nunc in insulam Cretam* navigare debes.

2 Nam ibi aliud monstrum est: taurus[1] Minois*. Ubique magna pericula hominibus parat. Naviga! Intra insulam! Supera eam[2] bestiam!

3 Minos rex in[3] Creta iam diu maestus est. Multi ibi magnum taurum[1] timent. Sume cito arma! Da aliis auxilium! Es magnus pugnator[4]!“

4 Hercules Eurystheo parere debet. Statim clamat: „Nautae, accurrite! Venite mecum[5] in insulam Cretam! Videte ibi monstrum novum! Superate mecum[5] taurum[1] Minois!“

5 Nautae laeti sunt; nam eis placet taurum[1] invadere et superare. Statim navem parant.

6 Venti secundi navem ad insulam Cretam appellunt[6]. In terra[7] Hercules solus contra[8] magnum taurum[1] pugnat, furorem bestiae superat neque eam[2] necat, sed cogitat monstrum nave[9] ad Eurystheum abducere.

7 In alto[10] subito nautae clamant: „Videte! Appropinquat alia navis. Piratae sunt. Defendite navem! Este magni pugnatores[4], amici!“

8 Diu pugnant. Tandem Hercules et nautae piratas superant. Alios necant, alios in mare[11] praecipitant.

9 Tum Hercules taurum[1] ad Eurystheum ducit[12] et dicit: „Ave, rex! Hic est monstrum novum. Hic est magnus taurus[1] Minois. Es laetus, o Eurysthee!“

[1] taurus, -i: Stier [2] eam: diese/dieses [3] in: auf [4] pugnator, -oris *m*: Kämpfer [5] mecum: mit mir [6] appellere: hintreiben [7] in terra: an Land [8] contra (*m. Akk.*): gegen [9] nave: mit/auf dem Schiff [10] in alto: auf hoher See [11] in mare: ins Meer [12] ducere: führen, bringen

7 Herkules trägt den Himmel

i In Urzeiten tobte ein schrecklicher Kampf zwischen olympischen Göttern und **Titanen**, den Kindern von Himmel (Uranus, *griech.* Uranos) und Erde (Terra, *griech.* Gaia). Die Götter gingen als Sieger hervor und bestraften die Besiegten und sogar deren Kinder und Enkel. So musste der Titanensohn **Atlas** das Himmelsgewölbe auf seine Schultern nehmen und es ewig tragen. Die Töchter des Atlas, die **Hesperiden**, mussten einen Apfelbaum bewachen, der goldene Früchte trug – ein Hochzeitsgeschenk der Gaia für die Göttin Juno. Ausgerechnet auf diese goldenen Äpfel hatte es Eurystheus abgesehen und er schickte Herkules los, sie zu stehlen. Unser Held auf Diebestour!

1 Hercules Eurystheo* dicit: „Nonne laetus es? Hic est taurus Minois*. Num aliud exspectas?“

2 Rex taurum spectat et respondet: „Certe laetus sum. Victoria tua[1] iucunda est. Sed, o Hercules, labor[2] novus tibi manet.

3 Curre et apporta mihi aurea Hesperidum* mala[3], non unum, sed multa! Mala Hesperidum[3] in insula procul a terra nostra[4] sunt.“

4 Hercules iterum paret. Diu quaerit Hesperides. Sunt filiae[5] Atlantis*.

5 Tandem Hercules venit ad Atlantem. Et Atlas caelum[6] in umeris[7] portat. Hercules rogat: „Da, o Atlas, mihi mala aurea[3]!“

6 Atlas: „Placet mihi auxilium tibi dare. Dum tu meo loco[8] caelum in umeris[7] tuis[9] portas, ego mala[3] apporto.“

7 Hercules non cessat statim caelum[6] in umeris[7] suis[10] portare. Atlas primo cum voluptate filias[5] vocat; nam eas[11] amat; tum iubet: „Date mihi mala aurea[3]!“ Filiae[5] parent.

8 Subito autem Atlas caelum[6] non iam portare cogitat et mala[3] iucunda ipse[12] ad Eurystheum apportare parat.

9 Neque Hercules sine mente est. Rogat Atlantem: „Portasne paulisper[13] caelum[6], dum ego umeros[7] meos expedio[14]?“

10 Atlas nihil timet. Itaque portare caelum[6] non cessat, sed Hercules statim mala aurea[3] sumit et cum malis[3] cito ad Eurystheum regem currit.

[1] victoria tua: dein Sieg [2] labor, -oris *m*: Arbeit [3] aurea Hesperidum mala: die goldenen Äpfel der Hesperiden [4] a terra nostra: von unserem Land [5] filia, -ae: Tochter [6] caelum, -i: Himmel [7] umeri, -orum: die Schultern [8] meo loco: an meiner Stelle [9] tuus, -a, -um: dein [10] suus, -a, -um: sein [11] eas: sie [12] ipse: selbst [13] paulisper: einen kurzen Augenblick [14] expedire: dafür herrichten

UND HEUTE?

In einem *Atlas* ist alles abgebildet, was der Titanensohn zu tragen hatte: die Welt.

8 Sehnsucht nach Herkules

i **Deianira** war die Tochter des Königs Oineus von Kalydon und seiner Gemahlin Althaia, die insgesamt sieben Kinder hatten. Jedenfalls war die Königstochter berühmt für ihre außergewöhnliche Schönheit. Kein Wunder, dass sie von vielen Männern umworben wurde. Wer Deianira heiraten wollte, musste sich auf König Oineus' Befehl im Zweikampf bewähren. Keine Frage, wer alle Mitbewerber besiegte: unser Herkules! Durch seine Heldentaten war er immer berühmter geworden und hatte sich den Ruf eines Menschenfreundes erworben, der die Welt von Ungeheuern befreite.

1 Dum Hercules tota terra magnis laboribus sibi[1] gloriam[2] parat, Deianira*, amica eius, sine voluptate sola et maesta domi[3] sedet.
2 Neque oculi eius lacrimis vacant. Nam semper de Hercule, amico robusto, cogitat:
3 „Fortasse[4] Hercules iam mortuus est, fortasse[4] valet neque iam me amat.
4 Ego ex rege nata sum; ego valde bella sum; sed fortuna mea non gaudeo."
5 Subito prima luce una ex servis apparet et laeta dicit: „Nuntius procul appropinquat. Certe nuntium secundum apportat, domina."
6 Tandem nuntius Deianiram convenit. Magna voce exponit:
7 „Hercules servitutem Eurysthei* certe non amat, sed ubique terram periculis liberat[5], ubique magna virtutis[6] exempla dat. Itaque magnus et robustus amicus hominum est.
8 Herculi non iam placet diu abesse[7]. Tu hic mane! Bene[8] spera, domina!"
9 Cuncti nuntium laeti audiunt. Deianira nuntium silentio audit. Sed cur non laeta est?

[1] sibi: sich [2] gloria, -ae: Ruhm [3] domi: zu Hause [4] fortasse: vielleicht [5] liberare: befreien
[6] virtus, -utis *f.*: Tapferkeit [7] abesse: fern sein [8] bene: gut, zuversichtlich

9 Eine Gegnerin mit neun Köpfen

i Die eifersüchtige Juno gab nicht auf und dachte unablässig darüber nach, wie sie Herkules vernichten könnte. Ein besonders gefährlicher Einfall der Göttermutter war die **Hydra**, eine riesige Wasserschlange mit nicht weniger als neun Köpfen. Sie sollte Herkules in den Sümpfen von Lerna in Argolis auflauern und ihn endlich zur Strecke bringen. Zu allem Übel war die Hydra nicht allein, denn Juno hatte ihr als Kampfgefährtin eine Furcht erregende Riesenkrabbe an die Seite gestellt. Ein tödliches Team, gegen das unser Held antreten muss, doch er bekommt tatkräftige Hilfe ...

1 Etiam Hercules maestus de Deianira* cogitat; nam durus non est. Et amicam pulchram valde amat. Quid cogitat?

2 „Quam miseram vitam Deianira agit! Multas lacrimas dat, quod ego tam[1] diu eam[2] non peto.

3 Certe mihi placet Deianiram convenire. Itaque non iam procul ab ea[3] manere studeo.

4 Sed Eurystheus* iterum atque iterum mihi labores asperos imponit[4]. Servitus dura est.“

5 Profecto[5] Eurystheus magna voce iterum iubet: „Propera, o Hercules, et neca hydram Lernaeam*!

6 Hydra* in agris palustribus[6] latet[7] et novem[8] capitibus[9] magna pericula parat. Homines veneno[10] necare solet.“

7 Iterum Hercules paret. Statim monstrum petit neque periculum mortis horret.

8 Neque vir robustus, etsi pugnam bonam pugnat, statim victor est. Nam, dum clava[11] unum caput Hydrae decidit[12], duo[13] nova crescunt[14].

9 Tum Iolaus* puer ei auxilium dat. Bene pugnat. Nam non gladio pugnat, sed facibus[15] capita[9] bestiae exurit[16].

10 Tandem Hercules Hydram dextra petit et necat et victor ex agris Lernaeis* cedit et ad Eurystheum properat.

11 Rex non gaudet neque plaudit, quod Hercules non solus, sed auxilio Iolai monstrum superavit[17].

[1] tam: so [2] eam: sie [3] ab ea: von ihr [4] imponere: auferlegen [5] profecto: tatsächlich [6] in agris palustribus: in den Sümpfen [7] latere: lauern [8] novem: neun [9] caput, -itis *n*: Kopf [10] venenum, -i: Gift [11] clava, -ae: Keule [12] decidere: abschlagen [13] duo: zwei [14] crescere: nachwachsen [15] fax, facis *f*: Fackel [16] exurere: ausbrennen [17] superavit: (er) hat bezwungen

UND HEUTE?

„Ich kämpfe gegen eine *Hydra*.“
Ich kämpfe einen aussichtslosen Kampf.

10 Ins Land der wilden Frauen

i Die **Amazonen** waren ein kriegerisches Frauenvolk, das der Sage nach in Skythien (heute Südrussland) lebte. Sie waren nicht nur sehr gute Reiterinnen, sondern konnten auch mit Pfeil und Bogen hervorragend umgehen. Ihr Name bedeutet so viel wie „die Brustlosen“, denn man erzählt, dass den Amazonen als jungen Mädchen die rechte Brust abgenommen wurde, damit sie den Bogen besser halten konnten. Wohl eher mit gemischten Gefühlen trat Herkules die von Eurystheus befohlene Reise in das Amazonenland an, denn den Damen eilte der Ruf voraus, dass sie mit ungebetenen männlichen Gästen nicht besonders zimperlich umzugehen pflegten. Überhaupt schienen die Amazonen ein etwas ungewöhnliches Leben zu führen ...

1 Amazones* quondam mulieres[1] barbarae erant et in Asia* sine viris vitam agebant; itaque non regi, sed reginae parere solebant.
2 Quod Amazones valde robustae erant et humanitate carebant, eis sola arma placebant et semper ex equis bellum[2] gerebant[3].
3 Multi homines Amazonas mulieres[1] ex Marte*, deo belli[2], natas putabant. Nam Martem ut patrem colebant[4].
4 Eae[5] mulieres[1] vitam valde liberam agebant et servitutem horrebant. Nihil laborabant. Sed neque furorem belli[2] neque periculum mortis timebant.
5 Non amor, sed ardor pugnae Amazonas iam puellas incitabat.
6 Itaque eis mos erat non pueros convenire, sed Dianae*, deae virginitatis[6], sacrificare.
7 Amazonibus numquam[7] placebat mores asperos mutare.
8 Quod hominibus semper pericula parabant, nemo eis adhuc appropinquare studebat.
9 Sed Hercules Amazonas petere debebat. Etsi eum[8] laborem valde durum putabat, iterum Eurystheo* parebat.

[1] mulier, -ris *f.*: Frau [2] bellum, -i: Krieg [3] gerere: führen [4] colere: verehren [5] eae: diese [6] virginitas, -atis *f.*: Jungfräulichkeit [7] numquam: niemals [8] eum: diese

UND HEUTE?
Eine mutige Frau, die Kampfgeist besitzt, wird auch als *Amazone* bezeichnet.

11 Das besondere Geschenk

Hippolyta, die Königin der Amazonen, hatte als Zeichen ihrer Herrschaft und Kampfstärke von ihrem Vater, dem Kriegsgott Mars (*griech.* Ares), einen prunkvollen Gürtel geschenkt bekommen. Diesen Gürtel legte sie niemals ab, und wer ihn haben wollte, dem blieb nichts anderes übrig, als Hippolyta zu besiegen und zu töten.
Eines Tages bat **Admete** ihren Vater Eurystheus um ein recht ausgefallenes Geschenk. Das brachte den König in arge Bedrängnis, denn Admete bildete sich ausgerechnet den berühmten Gürtel der Hippolyta ein. Aber wie Väter so sind, konnte er seiner Tochter nichts abschlagen. Wieder einmal war Herkules gefragt: Er bekam den Auftrag, den Gürtel der Amazonenkönigin herbeizuschaffen. Doch wie kann er ihn in seinen Besitz bringen?

1 Eurystheus* domi bene vivebat; sedebat in sella regia[1] et verba Herculis audiebat:
2 „O Eurysthee, iam multa monstra superavi et necavi. Quamquam semper victor fui, nonne desinis mihi novos atque novos labores imponere? Sors mea misera est.
3 Tota enim mente studeo tandem Deianiram* amicam convenire."
4 Rex autem dixit: „Nondum[2], o Hercules, satis[3] laboravisti. Nunc naviga ad terram Amazonum*!
5 Apud illas[4] Hippolyta*, mulier ex Marte* nata, regina est. Apporta mihi balteum[5] reginae! Balteum[5] enim pulchrum Martis patris donum est."
6 Neque Hercules desiit parere. Statim cum sociis[6] ad terram Amazonum navigavit et ab[7] Hippolyta balteum[5] petivit.
7 Id[8] regina hospiti non negavit. Iam Herculi balteum[5] praebebat, cum subito Iuno* dea apparuit.
8 Iuno aspera dea erat neque Herculi favebat[9]. Itaque his verbis[10] ceteras Amazonas incitavit:
9 „Hercules reginam dolo[11] abducere studet. Iam multas mulieres sic in terram suam traxit. Proinde servate reginam!"
10 Amazones verba deae audiverunt, Herculem horruerunt, cum viro robusto et eius sociis[6] pugnaverunt; sed tandem de victoria et salute desperaverunt.

11 Hercules iterum victor fuit. Hippolytam autem, quod eam perfidam[12] putabat, necavit et balteum[5] ad Eurystheum portavit.

[1] sella regia, -ae: Königsthron [2] nondum: noch nicht [3] satis: genug [4] apud illas: bei ihnen [5] balteum, -i: Gürtel [6] socius, -i: Gefährte [7] ab (*m. Abl.*): von [8] id: diesen [9] favere, faveo (*m. Dat.*): (*jmdm.*) gewogen sein [10] his verbis: mit folgenden Worten [11] dolus, -i: List [12] perfidus, -a, -um: wortbrüchig

12 An der Pforte der Unterwelt

i Der Sage nach wurde die Unterwelt, das Reich des Gottes **Pluto** (*griech.* Hades), von einem fürchterlichen Hund namens **Zerberus** bewacht. Er ließ keinen Toten aus der Unterwelt heraus und keinen Lebenden hinein. Niemand kam an diesem Furcht erregenden Wächter der Höllenpforte vorbei, bis auf eine Ausnahme: **Proserpina** (*griech.* Persephone), die Tochter der Fruchtbarkeitsgöttin **Ceres** (*griech.* Demeter). Pluto hatte sich in sie verliebt und sie in die Unterwelt entführt. Allerdings musste er sie einmal im Jahr wieder freigeben. Dann ging Proserpina auf die Erde zurück und es wurde Frühling. Nach einem halben Jahr stieg sie wieder zu Pluto hinab und auf der Erde kehrte der Winter ein. So erklärte man sich in der Antike den Wechsel der Jahreszeiten.
Auch Herkules muss in die Unterwelt, denn er hat den Auftrag, den Zerberus zu Eurystheus zu bringen.
Wird er den Höllenhund an die Leine legen können?

1 Hercules ad Eurystheum* venit et magna voce dixit:
2 „Eurysthee, misisti me ad Amazonas*. Ecce! Hic est balteum Hippolytae*. Reginam necavi.
3 Quamquam enim ex genere deorum nata est, non pia, sed perfida fuit.
4 Studebat enim iam mihi balteum dare, cum subito Amazones armis me petiverunt. Iterum victor fui. Post victoriam statim ad te[1] navigavi."
5 Hercules regi balteum dedit. Id Eurystheus in ara Iunonis* posuit. Tum respondit:
6 „Bene laboravisti, Hercules. Certe gaudeo. Sed novum laborem age! Descende ad inferos[2] et apporta mihi Cerberum*, canem Plutonis*!"
7 Tum Hercules per agros et saxa et montes cucurrit. E cunctis quaesivit: „Ubi mihi ad inferos[2] venire licet?"
8 Tandem precibus suis Proserpinam* movit, auxilio deae descendit, canem Plutonis vidit. Valde horrebat. Canis enim erat monstrum magno corpore et tribus[3] capitibus[4].
9 Hercules canem captavit et tergo ab inferis[5] ad Eurystheum portavit.
10 Sed monstrum regem valde terruit. Itaque Eurystheus Cerberum non tetigit, sed non desiit sic clamare: „Re-porta[6] statim hanc[7] bestiam ad inferos[2]!"

[1] ad te: zu dir [2] ad inferos: in die Unterwelt [3] tres (*Abl.* tribus): drei [4] Übersetze ... *corpore/... capitibus* (*Abl.*) durch „mit". [5] ab inferis: aus der Unterwelt [6] re-: zurück- [7] hanc: diese/dieses

UND HEUTE?
„Er bewacht sie wie ein *Zerberus*."
Er bewacht sie so, dass niemand an sie herankommt.

13 Endlich wieder bei Deianira

i **Herkules** gilt als der bekannteste Held der antiken Sage. Gerühmt wurden nicht nur seine Taten, sondern auch seine zahlreichen guten Eigenschaften: Stärke, Tapferkeit, Ausdauer, Edelmut und Mitgefühl mit Schwachen. Doch auch ein berühmter Held ist nicht ohne Fehler. So sagte man Herkules Jähzorn, Gewalttätigkeit und unmäßige Esslust nach. Jedenfalls kann sich die Bilanz der Taten des Herkules, die du bisher kennen gelernt hast, sehen lassen: Er hat den **Nemeischen Löwen** erwürgt, den **Erymanthischen Eber** gefangen, den **Minosstier** und den **Zerberus** entführt, **die goldenen Äpfel der Hesperiden** gestohlen, die gefährliche **Hydra** erledigt und den **Gürtel der Amazonenkönigin Hippolyta** erobert.
Hättest du noch alles gewusst? Wenn nicht, wiederhole schnell, denn das nächste Abenteuer wartet schon!

1 Hercules iterum ad inferos descendit et Cerberum* reportavit. Deinde maestus in alto saxo prope mare sito sedebat, quod ei non iam placebat servitutem Eurysthei* sustinere.
2 Subito patriam Deianirae* petere statuit. Amicam enim iterum convenire valde studebat. Cito eo[1] venit. Deianira laeta amicum spectabat, sed tacebat.
3 Itaque Hercules dixit: „Quam laetus ego sum! Nunc tandem te iterum video, amica. Etiam tu gaude! Quare nihil dicis? Nonne curis vacas?

4 Certe nobis fortuna non favet. Tu tam diu sine me vitam egisti. Ego multos labores agere debui.
5 Leonem Nemeum* superavi. Is[2] magno furore hominibus pericula paraverat.
6 In Arcadia* aprum Erymantheum* captavi. Is[2] agros vastaverat atque cunctos homines valde terruerat.
7 In Creta* cum tauro Minois* cunctis viribus pugnavi, bestiam superavi, ad Eurystheum abduxi. Taurus numquam desierat tota insula cives sollicitare et opprimere. Nemo autem eis auxilium dederat.
8 In Asia* cum Amazonibus* magna vi pugnavi et balteum Hippolytae* reginae ad Eurystheum portavi. Amazones cunctas terras prope sitas oppresserant et semper victores fuerant.
9 Ab inferis Cerberum*, canem formidolosum[3] Plutonis*, abduxi. Is[2] in limine[4] Orci* iacuerat et eum[5] ab hominibus non mortuis defenderat et ...“
10 Sed, dum Hercules de laboribus narrat[6], nuntius venit et clamavit: „Eurystheus te, Hercules, iubet currere in aulam regiam. Tibi non licet hic manere.“
11 Hercules dixit: „Vale, Deianira!“, et statim ad regem cucurrit.

[1] eo: dorthin [2] is: dieser [3] formidolosus, -a, -um: fürchterlich, schrecklich [4] limen, liminis *n*: Eingang (*zur Unterwelt*) [5] eum: ihn [6] narrare: erzählen

UND HEUTE?
„Da hat er eine wahre *Herkulestat* vollbracht.“
Da hat er fast Übermenschliches geleistet.

14 Herkules mistet aus

i König **Augias**, der Sohn des Sonnengottes Sol (*griech.* Helios), besaß riesige Viehherden, aber mit dem regelmäßigen Ausmisten des Stalles konnte er sich nicht anfreunden. Man kann sich ungefähr vorstellen, wie viel Mist sich nach einiger Zeit angesammelt hatte. „Genau die richtige Dreckarbeit für Herkules", dachte sich Eurystheus und beauftragte unseren Helden mit dem Großputz – ein scheinbar aussichtsloses Unternehmen. Wie Herkules diese Aufgabe dennoch bewältigte, erzählt euch die Geschichte vom **Augiasstall**.

1 Hercules vix in aulam regiam venerat, cum Eurystheus* ei novum laborem imposuit.

2 „Curre ad Augeam*, regem Elidis*! Audivi enim Augeam de salute sua desperare. Rex laborare et stabulum[1] armentorum[2] suorum purgare[3] desiit.

3 Quod totum stabulum[1] plenum[4] stercoris[5] est, armenta[2] ibi non iam iacere ac dormire possunt[6].

4 Regem solum stabulum[1] purgare[3] non posse[6] apparet. Regem auxilium a nobis[7] petere scio. Proinde tu, o Hercules, cito da auxilium! Purga[3] stabulum[1]!"

5 Hercules, quamquam duram servitutem horrebat, paratus erat etiam hoc mandatum[8] curare.

6 Itaque ad Elidem cucurrit, stabulum[1] spectavit, in via constitit, diuque cogitavit: „Profecto Augeam curis non vacare video. Quam miser rex est! Sed quid ego agere possum[6]?

7 Mox cunctas portas[9] stabuli[1] aperuit et flumen[10] ammisit[11] et aquam fluminis[10] per stabulum[1] duxit.

8 Hercules, dum multas horas sub[12] arbore sedet et caelum spectat, aquam una nocte totum stercus[5] e stabulo[1] tollere sentiebat.

9 Tum surrexit, portas clausit[13], ad Eurystheum properavit, regem Augeam nunc curis liberum esse dixit.

10 Et addidit: „Bene egi. Una nocte stercus[5] e stabulo[1] sustuli. Nunc Augeas non iam miser est. Haud ignoro."

11 Hercules Eurystheum certe laetum esse putabat. Sed rex nihil respondit; nam valde iratus[14] erat, quod Hercules laborem non solus egerat.

[1] stabulum, -i: Stall [2] armenta, -orum: Vieh, Tiere [3] purgare: reinigen [4] plenus, -a, -um (*m. Gen.*): voll
[5] stercus, -oris *n*: Mist [6] possum/possunt/posse: ich kann/sie können/können [7] a nobis: von uns
[8] hoc mandatum: diesen Auftrag [9] porta, -ae: Tor [10] flumen, -inis *n*: Fluss [11] ammittere: umleiten
[12] sub (*m. Abl.*): unter [13] claudere (clausi): schließen [14] iratus, -a, -um: zornig

UND HEUTE?

„Er hat diesen *Augiasstall* gereinigt."
Er hat in ein riesiges Chaos wieder Ordnung gebracht.

15 Kampf mit den Giganten

i Jupiter hatte die **Titanen**, ein Geschlecht von Riesen, das von der Göttin Terra (*griech.* Gaia) abstammte, in den Tartarus eingesperrt. An diesem Ort, der noch tiefer lag als die Unterwelt, konnten sie wenigstens keinen Schaden anrichten. Die wütende Gaia erklärt daraufhin Jupiter den Krieg und schickt gegen die olympischen Götter die **Giganten** in den Kampf: Ungeheuer mit Menschenleibern, aber Armen und Beinen aus Schlangen. Es kommt zur „Gigantomachie", zur „Gigantenschlacht". Für die Götter steht es schlecht und Jupiters Herrschaft ist auf das Äußerste bedroht. Herkules muss zu Hilfe kommen.

1 Hercules post longum tempus tandem omnes labores, quos[1] ei Eurystheus* imposuerat, bene per-egit.

2 Itaque rex Herculem non iam servum suum, sed liberum esse statuit. Tum vir robustus se valde laetum praebebat.

3 Sed mox se haud felicem esse sentiebat. Sibi enim non licere sine periculis esse iudicabat.

4 Nam semper viribus suis aliis auxilium dare solebat. Diu secum de gravi fortuna sua cogitabat.

5 Dum autem per agros errat, Minerva* dea ei appropinquavit et dixit:

6 „Salve, Hercules, Iuppiter* te vocat. Dei enim auxilium tuum vindicant. Sine auxilio tuo in magno periculo se esse sciunt.

7 Nam Gigantes*, filii Terrae* immanes[2], nobiscum pugnant et regnum nostrum frangere student.

8 Dei autem virum mortalem solum Gigantes superare posse sciunt. Tu hic[3] vir mortalis es. Itaque Iuppiter me cito te arcessere iussit.

9 Proinde curre! Da auxilium deis! Pugna pro deis! Iuppiter tibi immortalitatem[4] promisit."

10 Hercules statim paruit neque animo acri cum Gigantibus pugnare cessavit.

11 Gigantes modo saxa gravia et arbores ardentes[5] in deos iactabant [6], cum Hercules Alcyoneum*, regem eorum[7], sagittis[8] suis necavit.

12 Dei Herculem bene cum Gigantibus pugnare sibique auxilium dare videbant. Mox Iuppiter laetus dixit: „Magnis Herculis viribus brevi tempore Gigantes superavimus."

[1] quos: die/welche [2] immanis, -is, -e: entsetzlich, riesig [3] hic: dieser [4] immortalitas, -atis *f.*: Unsterblichkeit
[5] ardens, -ntis: brennend [6] iactare: schleudern [7] eorum: ihren [8] sagitta, -ae: Pfeil

UND HEUTE?
Sie erntete einen *gigantischen* Applaus – Riesenapplaus.

16 Tödliche Hochzeitsreise

i Die **Kentauren** sind absonderliche Lebewesen mit dem Körper eines Pferdes, aber dem Kopf und den Händen eines Menschen. Sie ernähren sich von rohem Fleisch und gelten als wilde, brutale und lüsterne Gesellen. Ihre Heimat ist der Berg Pelion in Thessalien. Ausgerechnet dort sind Herkules und Deianira nach ihrer Hochzeit unterwegs. Herkules hatte schon einmal mit den Kentauren gekämpft und auch viele von ihnen zur Strecke gebracht. Zu denen, die damals davongekommen waren, gehört **Nessus**. Dieser wird nun für Deianira und Herkules zur Gefahr.

1 Regem Eurystheum* Herculem servitute liberavisse et domum dimisisse legimus.

2 Eum statim ad Deianiram*, amicam suam, properavisse eamque in matrimonium duxisse[1] multi poetae[2] narrant.

3 Quis autem ignorat Graecos* iam tum nuptias[3] magno apparatu celebravisse[4]?

4 Etiam Hercules et Deianira hunc diem festum[5] cum multis amicis egerunt. Iucundo cibo et multo vino se delectaverunt.

5 Tum ad aram deorum accesserunt eisque sacrificaverunt; etiam vota fecerunt.

6 Hercules Iovi* patri gratias egit, item Minervae* gratias egit, quod eam sibi semper favisse sciebat. Se auxilio eius multos labores difficiles bene egisse haud ignorabat.

7 Deinde Hercules cum Deianira ad Oetam* montem in Thessalia* situm iter fecit. Venerunt ad Euenum* flumen; id multa aqua valde altum erat.

8 Itaque Hercules Nessum* Centaurum* appellavit: „Nesse, porta hanc[6] feminam per flumen! Ego praecedam[7].“

9 Neque Nessus precibus eius parere cessavit. Libens feminam bellam portabat. Iam medio in flumine[8] erat, cum subito eam per vim stuprare[9] studuit.

10 Deianira magna voce clamavit. Hercules statim, quamquam procul a Deianira erat, armis suis ei auxilium dare paratus erat.

11 Cito Herculem sagittam in Nessum misisse eāque[10] corpus eius tetigisse[11] atque percussisse[12] poetae[2] scribunt.

[1] in matrimonium ducere: heiraten [2] poeta, -ae *m*: Dichter [3] nuptiae, -arum: Hochzeit [4] magno apparatu celebrare: mit großem Aufwand feiern [5] hunc diem festum (*Akk.*): dieses Fest [6] hanc: diese [7] praecedere: vorausgehen [8] medio in flumine: mitten im Fluss [9] per vim stuprare: vergewaltigen [10] eāque (et eā): auf *sagitta* zu beziehen [11] tangere (hier): treffen [12] percutere (percussi): durchbohren

17 Aufstieg in den Olymp

i Es heißt nun Abschied nehmen von Herkules, denn unserem Helden werden der sterbende Nessus und zwei Frauen zum tödlichen Verhängnis. Immerhin wird Herkules nach seinem gar nicht heldenhaften Tod zur Belohnung für seine vielen mutigen Taten in den Olymp aufgenommen. Dort wohnt er nun für immer friedlich bei den Göttern und man erzählt, dass er sich sogar mit seiner Todfeindin Juno versöhnt haben soll.
In der letzten Herkules-Geschichte erfahrt ihr, wie der berühmteste Held der griechischen Sage gestorben ist. So viel sei verraten: Es war eine „heiße Sache"!

1 Moriens[1] Nessus* Deianirae* dixit: „Ego mox de vita decedam. Tamen tibi consilium[2] bonum dabo.
2 Funde sanguinem[3] meum in laguncułam[4]! Eam porta tecum! Si quando[5] Herculem te non iam satis amare senties, praebe ei sanguinem[3] meum! Hercules statim ad te veniet, iterum te amabit." Tum Nessus de vita decessit.
3 Herculi autem post unum annum non iam placebat laboribus vacare. Saepe secum cogitabat:
4 „Cui auxilium dabo? Quem a monstris defendam? Quocum bellum agam? Cuius regnum invadam?"
5 Itaque statuit novos labores sustinere. Mox ab urbe Trachine* decessit, sed uxorem ibi manere iussit.
6 Nam bellum in regem Eurytum* et in eius tres filios barbaros agere studebat. Brevi tempore eos viribus ingentibus suis superavit.
7 Post pugnam Iolam*, filiam Euryti, captavit eamque concubinam[6] abduxit.
8 Ad Deianiram autem nuntium misit eamque oravit: „Mitte mihi, uxor mea, vestem[7] novam! Iovi* enim sacrificare cogito. Deus tum mihi semper amicus erit."
9 Deianira autem omnia de Iola* per nuntios comperetat. Ea animum uxoris valde sollicitaverunt et perturbaverunt.

10 Nam Deianira credebat Herculem desiisse se amare. Itaque ei vestem[7] novam sanguine[3] Nessi imbutam[8] misit.
11 Sed vix Hercules sibi vestem induerat[9], cum corpus eius flammis arsit. Sanguinem[3] Nessi enim venenatum[10] fuisse apparet.
12 Mox Hercules de vita decessit. Eum tum in caelum ascendisse[11] et ex eo[12] tempore virum egregium inter deos esse multi poetae tradunt.

[1] moriens: sterbend [2] consilium, -i: Ratschlag [3] sanguis, -inis *m*: Blut [4] laguncula, -ae: Fläschchen [5] quando: irgendwann einmal [6] concubinam: als Nebenfrau [7] vestis, -is *f*: Kleidung, Hemd [8] imbutus, -a, -um: getränkt [9] induere: anziehen [10] venenatus, -a, -um: vergiftet [11] ascendere: aufsteigen [12] is, ea, id (hier): dieser, diese, dieses

UND HEUTE?
„Sie schickte ihm ein *Nessusgewand*."
Sie schickte ihm ein Verderben bringendes Geschenk.

18 Theseus und der gefährliche Gastgeber

i Ein neuer Held der griechischen Sagenwelt betritt nun die Bühne: **Theseus.** Er war der Sohn des Königs Aegeus von Athen. Von Aegeus auf einer Reise gezeugt und in der Fremde aufgewachsen, hatte er seinen Vater noch nie gesehen. Aegeus wiederum wusste gar nicht, dass er einen Sohn hatte. Theseus' großes Vorbild war Herkules, dessen Taten er unendlich bewunderte. Nicht ohne Grund, denn Herkules hatte ihn schließlich einmal aus der Unterwelt gerettet. Eines Tages machte sich Theseus auf den Weg nach Athen. Bis Aegeus seinen Sohn in die Arme schließen konnte, sollte es dieser noch mit dem grausamen **Prokrustes** zu tun bekommen, der eine ausgesprochen seltsame Art von Gastfreundschaft pflegte ...

1 Herculem ab inferis Theseum* ad homines duxisse comperimus. Quis ignorat eum filium Aegei*, regis Athenarum*, fuisse?

2 Theseus autem, quamquam iam iuvenis erat, tamen patrem suum nondum viderat. In agris enim procul a sedibus Aegei sitis vitam agebat. Saepe secum cogitabat: „Quando patrem meum videbo?“

3 Etiam Theseus homines monstris liberare statuit. Quod enim Herculem sibi magnum exemplum virtutis et humanitatis dedisse putabat, eum bonis operibus aequare[1] studebat.

4 Tandem urbem, in qua pater eius rex erat, recta via petebat. Laetus per agros ibat, modo flumen transibat, cum ei subito Procrustes* obviam[2] iit.

5 Eum hominem cuncti timebant atque in numero barbarorum habebant.

6 Homines alienos enim in villam suam invitare solebat. Ibi autem cum eis non cenabat, sed eos crudeli modo[3] necabat. Ii, qui villam eius intraverant, numquam ex-ierunt.

7 Procrustes primo hospites vinciebat[4]. Deinde, si corpus hospitis longum erat, eum in lecto[5] brevi posuit et reliquam partem[6] corporis secabat[7].

8 Si autem corpus hospitis parvum erat, id in longitudinem magni lecti[5] malleo[9] extendebat[8].

9 Procrustes etiam Theseum, quem invitaverat, vincire[4] studebat. Neque satis robustus erat. Theseus eum barbarum viribus suis oppressit.

10 Tum Procrustem eodem modo[10] perisse scimus. Theseus enim eum in lecto[5] posuit. Quod autem corpus eius longum erat, ei caput secuit[7].

11 Ita Theseus Procrustem eam artem crudelem[11] diutius exercere prohibuit. Nulli homines postea furore eius perierunt.

12 Postea[12] Theseum tota civitas Athenarum, quae eum laeta exspectaverat, summis honoribus delectavit.

13 Aegeum patrem autem exclamavisse multi narrant: „Tandem, mi fili[13], te video, tandem te sub tecto[14] meo saluto!“

[1] aequare: erreichen [2] obviam: entgegen [3] crudeli modo: auf grausame Weise [4] vincire: fesseln [5] lectus, -i: Bett [6] reliquam partem: den überstehenden Teil [7] secare (secui): abschneiden [8] in longitudinem ... extendere: auf die Länge .... breit schlagen [9] malleus, -i: Hammer [10] eodem modo: auf dieselbe Weise [11] crudelis, -is, -e: grausam [12] postea: später, danach [13] mi fili (*Vok.*): mein Sohn [14] tectum, -i: Dach

UND HEUTE?

„Er hat mich in ein *Prokrustesbett* gelegt.“

Er hat mich in ein Schema gezwängt, in das ich nicht passe.

19 Stierkampf bei Marathon

i Für **Aegeus**, den König von Athen, ist sein wieder gefundener Sohn **Theseus** der Retter in der Not, denn die Bewohner von Attika werden von gefährlichen Untieren und wilden Bestien bedroht. Und so setzt der tapfere Theseus für die Heimat sein Leben aufs Spiel. Der Kampf mit dem schrecklichen **„Stier von Marathon"** geht für den Königssohn beinahe tödlich aus. Aber eben nur beinahe!

1 Mox Aegeus* pater Theseum* ad oppidum Marathonem*, quod in Attica* haud procul a mari situm erat, misit.

2 Ibi enim taurus ingens agros vastabat et homines, qui iam de salute desperabant, valde terrebat.

3 Eum taurum Hercules quondam nave e Creta* in Atticam apportaverat, ubi hominibus magna pericula paraverat.

4 Iam Androgenes*, filius regis Minois*, eum in campo[1] Marathonio* opprimere voluerat. Sed neque viribus neque animo idoneus fuerat. Itaque furore tauri perierat.

5 Theseo autem magnus animus erat; neque voluntati patris parere recusavit, sed ad pugnam paratus erat.

6 Quod cessare nolebat, statim ex urbe ab-ire et taurum quaerere statuit.

7 Sed, dum Theseus taurum quaerit,
anus[2] ei obviam iit eumque clementibus verbis in casam[3] suam invitavit.

8 Ibi hospiti dixit: „Tune taurum ingentem superare fortasse vis? Id uni viro certe non licet. Omnino[4] homines ei monstro appropinquare nolunt.

9 Ego autem tibi consilium utile dabo: Cave[5] cornua[6] acria tauri!
Et votum facere volo: Cum monstrum oppresseris, Iovi* sacrificabo."

10 Theseus respondit: „Si victor decessero, tibi semper magnas gratias agam."

11 Tandem post duos vel tres dies[7] Theseo taurus in campo[1] se ostendit.
Bestia vix Theseum viderat, cum eum magno clamore et summo furore invasit.

12 Theseus impetum[8] tauri sustinere vult, cornua[6] bestiae prehendit[9] eiusque caput tota vi humum[10] deprimit[11].

13 Subito taurus se a Theseo avellit[12] iterumque eum cornibus[6] suis invadit.

14 Theseus ei decedit et clava caput eius laedit. Taurus in terram cadit ibique iacet.
Ita Theseus bestiam superavit.

15 Quis nescit eum postremo taurum ad patrem suum traxisse et Apollini* sacrificavisse?

[1] campus, -i: Ebene [2] anus: alte Frau [3] casa, -ae: Hütte [4] omnino: überhaupt [5] cavere, caveo (*m. Akk.*): sich hüten (*vor*) [6] cornua; *Abl.* cornibus: Hörner [7] dies: Tage [8] impetum: den Angriff [9] prehendere (prehendi): packen [10] humum: auf den Boden [11] deprimere: niederdrücken [12] avellere: losreißen

20 Theseus im Labyrinth

i Auf der Insel Kreta herrschten König **Minos** und seine Frau **Pasiphae.** Diese hatte einen Sohn geboren, der alles andere als normal aussah, denn auf dem Körper eines Menschen saß der riesige Kopf eines Stieres. Minos war entsetzt und ließ ein Labyrinth bauen, in das er die Missgeburt namens **Minotaurus** einsperrte. Jedes Jahr wurden dem Ungeheuer zwölf junge Männer und zwölf junge Frauen zum Fraß vorgeworfen, die Minos von König **Aegeus** als Tribut einforderte – ein jährlich wiederkehrendes Unglück für Athen. Niemand war jemals lebend aus dem Labyrinth entkommen und nun sollte auch Theseus dem Minotaurus geopfert werden. Doch Theseus bekommt unerwartete Hilfe ...

1 Rex Minos* bellum in Athenienses* coepit, quod Androgenem* filium in Attica* perisse audiverat, eosque mox superavit.

2 Tum ab Aegeo* poposcit: „Mitte quotannis[1] septem[2] iuvenes et septem[2] virgines in Cretam*, quos Minotauro* sacrificabo. Si desieris voluntati meae parere, omnes cives Atticae necabo neque eos servare poteris."

3 Ita Minos Atheniensibus quasi[3] servitutem duram imposuit, quam Aegeus recusare non poterat.

4 Theseum* autem taurum Marathonium* oppressisse supra[4] legimus. Sed tum Minos etiam filium Aegei in numero eorum iuvenum esse voluit, quos regem Athenarum* quotannis[1] in Cretam mittere iusserat.

5 Neque Theseus ei itineri interesse dubitavit. Nam Minotaurum viribus suis tollere et Athenienses servitute liberare cupiebat.

6 Pater filium ab itinere prohibere non potuit, sed eum iussit: „Si victor e Creta redibis, habe vela[5] candida[6] in nave!"
Nautae enim tum velis atris[7] navigare solebant.

7 Theseus in insula statim labyrinthum* intravit, mox aspexit Minotaurum, monstrum ingens, cui corpus hominis, sed caput tauri erat.

8 Cito eum invasit, cepit, viribus suis superavit, solis pugnis[8] necavit.

9 Sed nemo ad id tempus e labyrintho exire potuerat; itaque Ariadna*, filia Minois, quae Theseum amabat, ei adesse volebat.

10 Ei iam, priusquam labyrinthum intravit, licium[9] dederat, cuius auxilio iterum exire poterat.

11 Tum Theseus post quattuor vel quinque menses nave in Atticam redibat, sed non iam de verbis patris cogitabat. Vela[5] non mutavit.

12 Aegeus autem vix vela[5] atra[7] in nave conspexerat, cum statim se in mare praecipitavit.

13 Quamquam rex Aegeus perierat, tamen Athenienses Theseo magnas gratias egerunt, quod eis libertatem restituerat[10].

14 Postremo omnes eum laeti regem suum appellaverunt.

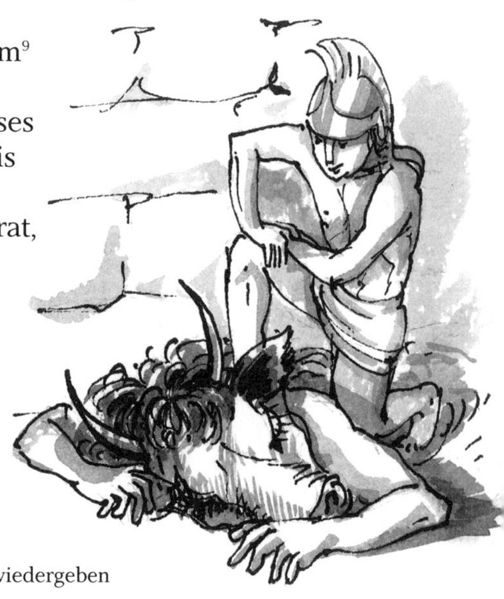

[1] quotannis: alljährlich [2] septem: sieben [3] quasi: gleichsam
[4] supra: oben/in der Geschichte vorher [5] velum, -i: Segel
[6] candidus, -a, -um: weiß [7] ater, atra, atrum: schwarz
[8] pugna, -ae: Faust [9] licium, -i: Faden [10] restituere (restitui): wiedergeben

Wortschatz

In den Texten von **CURSORIA 1** ist der größte Teil des Wortschatzes aus den Lektionen 1–20 des Lehrbuches verarbeitet. Welche Wörter einer Lektion im zugehörigen Text des Leseheftes verwendet sind, ist durch die Zweiteilung angezeigt: Oben stehen jeweils die verwendeten, jeweils darunter – grau unterlegt – die (noch) nicht verwendeten Wörter. Wenn diese dann in einem Text vorkommen, also im oberen Teil des Wortschatzes aufgenommen sind, findest du jeweils in Klammern die Lektion angegeben, in der sie zum ersten Mal erscheinen.

Wusstest du, dass ein Wort eigentlich neun Mal wiederholt werden müsste, damit es für immer im Langzeitgedächtnis bleibt? Aber auch das funktioniert nur, wenn Wörter nicht immer wieder in gleicher Reihenfolge und gleichem Zusammenhang wiederholt werden. Wortschatz muss ab und zu „umgewälzt", d.h. in einer veränderten Abfolge wiederholt werden. Dadurch wird das Gehirn überlistet, denn es hält „Umgewälztes" für Neues und strengt sich dementsprechend an. Wir haben also für dich „umgewälzt" und den Wortschatz der **CURSORIA**-Geschichten nach Wortarten neu geordnet: **Verben, Substantive, Adjektive** und **„kleine Wörter"**. Der Γ im oberen Teil zeigt dir immer an, dass die nächste Wortart beginnt.

TIPP: Wiederhole immer zuerst den oberen Teil des Wortschatzes, bevor du die zugehörige Geschichte übersetzt. So kannst du am Text testen, wie es um dein Vokabelwissen steht. Anschließend solltest du die Wörter, die noch nicht sitzen, zusammen mit dem restlichen Wortschatz der entsprechenden CURSUS-Lektion (grau unterlegt) noch einmal wiederholen. Dein Langzeitgedächtnis wird sich wundern, was es dann alles speichern muss. Und du wirst merken, dass Latein mit **CURSORIA** zum Erfolg führt. Also, an die Arbeit – mit dem Mut des Herkules!

1 Herkules hat Langeweile (3. P. Sg. des Verbs, Infinitiv; Nom. Sg. des Substantivs)

Γ ārdēre	(ver)**brennen**; entbrannt sein
cessāre	**zögern**; sich Zeit lassen
clāmāre	**schreien,** rufen
esse	**sein**
exspectāre	**warten (auf)**, erwarten
iacēre	(da)**liegen**
placēre	**gefallen**; Spaß machen
stāre	(da)**stehen**
tacēre	**schweigen,** still sein
venīre	**kommen**
Γ amīca *f*	**die Freundin**
asinus *m*	**der Esel**
canis *m*	**der Hund**
silentium *n*	**die Ruhe,** die Stille; das Schweigen
sōl *m*	**die Sonne**
vīlla *f*	**das (Land-)Haus;** das Landgut
Γ cūr?	**warum?**
ecce!	**schau!/schaut!** sieh da! seht!
et	**und; auch**
etiam	**auch; sogar**
nōn	**nicht**
nōn iam	**nicht mehr**
quis?/quid?	**wer?/was?**
subito	**plötzlich**
ubī?	**wo?**

2 Besuch von Deianira (3. P. Pl. des Verbs; Nom. Pl. des Substantivs, Vokativ auf -e/-i)

Γ appārēre	**erscheinen,** sich zeigen; offensichtlich sein
apportāre	**herbeitragen,** (mit)bringen
appropinquāre	**sich nähern,** näher kommen
gaudēre	**sich freuen**
properāre	**eilen, sich beeilen**
rīdēre	**lachen**
salūtāre	**(be)grüßen**
Γ amīcus *m*	**der Freund**
equus *m*	**das Pferd**
familia *f*	**die Familie**
servus *m*/serva *f*	**der Sklave/die Sklavin;** der Diener/die Dienerin
Γ atque/ac	**und, und auch**
certē	**sicher, bestimmt**
citō	**schnell,** rasch
(hīc	**hier**)
ibī	**dort,** da
nam	**denn**
nunc	**nun;** jetzt
procul	**von weitem; in der Ferne,** weit weg
salvē!/salvēte!	**sei/seid gegrüßt!** hallo!
sed	**aber, (je)doch; sondern**
tum	**da; dann, darauf; damals**

mātrōna	**die** (*verheiratete*) **Frau**

3 Dienstantritt beim König (1./2. P. Sg. und Pl. des Verbs; Akk. Sg. und Pl. des Substantivs)

audīre, audiō	(an-, er-, zu)**hören**
dēbēre, dēbeō	(*m. Inf.*) **müssen; verdanken; schulden**
iubēre, iubeō (*m. Akk.*)	(*jmdm.*) **befehlen,** (*jmdn.*) **beauftragen**
nāvigāre, nāvigō	**segeln**; mit dem Schiff fahren
pārēre, pāreō	**gehorchen**; befolgen
parāre, parō	(vor-, zu)**bereiten**; (*m. Inf.*) **vorhaben**
respondēre, respondeō	**antworten**, entgegnen
rogāre, rogō	**fragen; bitten**
tenēre, teneō	(zurück)**halten**; sich erinnern
timēre, timeō	**(sich) fürchten,** Angst haben (vor)
vocāre, vocō	**rufen; nennen**
eques *m*	**der Reiter**; der Ritter
īnsula *f*	**die Insel**; der Wohnblock
lacrima *f*	**die Träne**
nūntius *m*	**der Bote; die Botschaft**
perīculum *n*	**die Gefahr**
prōvincia *f*	**die Provinz**; der Amtsbereich
ego/mē	**ich/mich**
in (*m. Akk.*)	**in, an, auf**; nach; gegen(über)
statim	**sofort**, auf der Stelle
tē	**dich**
unde?	**woher?**
valdē	**sehr**

administrāre, administrō	**verwalten**
imperātor *m*	**der Kaiser; der Feldherr**

4 Herkules' erster Auftrag (Gen. Sg. und Pl. des Substantivs, Konsonantische Deklination [Mischdeklination])

cōgitāre, cōgitō	**denken** (an); **nachdenken** (über); (*m. Inf.*) beabsichtigen
dare, dō	(von sich) **geben**; gestatten
incitāre, incitō	**antreiben**, anfeuern
intrāre, intrō	**eintreten**; (hinein)gehen (in); betreten
sedēre, sedeō	(da)**sitzen**
vidēre, videō	**sehen**
ārdor, ārdōris *m*	**die Hitze**; die Begeisterung; das Temperament
clāmor, clāmōris *m*	**der Schrei**, der Ruf; das Geschrei
deus, deī *m*/ dea, deae *f*	**der Gott/ die Göttin**
furor, furōris *m*	**das Toben**; der Wahnsinn; die Raserei
homō, hominis *m*	**der Mensch**; der Mann; *Pl. auch* die Leute
populus, populī *m*	**das Volk; das Publikum**
rēgīna, rēgīnae *f*	**die Königin**
sīgnum, sīgnī *n*	**das Zeichen**; das Merkmal
simulācrum, simulācrī *n*	**das Bild**
spectāculum, spectāculī *n*	**das Schauspiel; die Veranstaltung**; die Vorführung
verbum, verbī *n*	**das Wort**
avē!	**sei gegrüßt!**
diū	**lange**, lange Zeit
neque	**und ... nicht; auch ... nicht; aber ... nicht**
tandem	**endlich, schließlich**

amor, amōris *m*	**die Liebe**
avus, avī *m*	**der Großvater**
cōnsul, cōnsulis *m*	**der Konsul**
senātor, senātōris *m*	**der Senator**

5 Herkules kämpft mit List (Dat. Sg. und Pl. des Substantivs; Konsonantische Konjugation)

accurrere, accurrō	**herbeilaufen,** angelaufen kommen
dīcere, dīcō	**sagen; sprechen**; nennen
dēcēdere, dēcēdō	**weggehen**, gehen (aus)
dormīre, dormiō	**schlafen**
invādere, invādō	**eindringen, angreifen**
plaudere, plaudō	**Beifall klatschen,** applaudieren
quaerere, quaerō	**suchen**; erwerben; **fragen**
solēre, soleō	**gewohnt sein,** (*etw.*) normalerweise (*tun*), (*etw. zu tun*) pflegen
dominus, dominī *m*	**der (Haus-)Herr**
fuga, fugae *f*	**die Flucht**
nox, noctis *f*; *Gen. Pl.* noctium	**die Nacht**
ante (*m. Akk.*)	**vor**
dum (*m. Präs.*)	**während**
semper	**immer**

legere, legō	**lesen**; sammeln; auswählen
lūdere, lūdō	**spielen**, scherzen
sūmere, sūmō	**nehmen**
causa, causae *f*	**der Grund; der Prozess,** der Streitfall
domina, dominae *f*	**die (Haus-)Herrin**
epistula, epistulae *f*	**der Brief**
fūr, fūris *m*	**der Dieb**
iūdex, iūdicis *m*	**der Richter**
ōrātor, ōrātōris *m*	**der Redner**
pater, patris *m*	**der Vater**
patrōnus, patrōnī *m*	**der Anwalt**, der Verteidiger; **der Schutzherr**
reus, reī *m*	**der Angeklagte**

6 Doppelter Kampf (Imperativ Sg. und Pl.; Adjektive der a-/o-Deklination)

Γ abdūcere, abdūcō	**wegführen**; (weg)bringen; verschleppen
dēfendere, dēfendō	**verteidigen; abwehren**
necāre, necō	**töten**
praecipitāre, praecipitō	**stürzen**; stoßen; (sich kopfüber) hinabstürzen
pūgnāre, pūgnō	**kämpfen**
sūmere, sūmō	**nehmen**
superāre, superō	**(be)siegen; übertreffen**
Γ arma, armōrum *n*	**die Waffen**
auxilium, auxiliī *n*	**die Hilfe**, die Unterstützung
nauta, nautae *m*	**der Seemann**; der Matrose
nāvis, nāvis *f*; *Gen. Pl.* nāvium	**das Schiff**
pīrāta, pīrātae *m*	**der Pirat**, der Seeräuber
terra, terrae *f*	**die Erde; das Land**
ventus, ventī *m*	**der Wind**; der Sturm
Γ alius, alia, aliud	**ein anderer**
laetus, laeta, laetum	**froh**; fröhlich
maestus, maesta, maestum	**traurig**
māgnus, māgna, māgnum	**groß**(artig); bedeutend
multī, multae, multa/multum	**viele**; zahlreich/**viel**
novus, nova, novum	**neu**; neuartig
secundus, secunda, secundum	**der zweite, der folgende; günstig**
sōlus, sōla, sōlum	**allein**; bloß
Γ ad (*m. Akk.*)	**zu; zu … hin; an; bei**
ubīque	**überall**

fēmina, fēminae *f*	**die Frau**
māter, mātris *f*	**die Mutter**

7 Herkules trägt den Himmel (Abl. Sg. und Pl.)

Γ amāre, amō	**lieben**; verliebt sein
currere, currō	**laufen**; eilen
manēre, maneō	**bleiben**; erwarten
portāre, portō	**tragen; bringen**
spectāre, spectō	**(an)schauen**; betrachten
Γ mēns, mentis *f*; *Gen. Pl.* mentium	**der Geist**; das Bewusstsein; die Denkweise; das Gemüt
voluptās, voluptātis *f*	**das Vergnügen**, der Spaß; die Lust
Γ iūcundus, iūcunda, iūcundum	**angenehm**, erfreulich; **liebenswürdig**
ūnus, ūna, ūnum	**ein; ein einziger**
Γ cum (*m. Abl.*)	(zusammen) **mit**
in (*m. Abl.*)	**in, an, auf;** während
itaque	**deshalb**, daher
iterum	**wieder**, zum zweiten Mal
-ne? (*angehängt*)	*Fragesignal* (*wird nicht übersetzt*)
nihil	**nichts**
nōnne?	**denn nicht? etwa nicht?**
num?	**etwa?**
prīmō	**zuerst**, zunächst
sine (*m. Abl.*)	**ohne**

ambulāre, ambulō	**(spazieren) gehen**
aqua, aquae *f*	**das Wasser**
forum, forī *n*	**das Forum, der Marktplatz**
medicus, medicī *m*	**der Arzt**
oculus, oculī *m*	**das Auge**
mortuus, mortua, mortuum	**tot; gestorben**
ē/ex (*m. Abl.*)	(her)**aus**; von (… an); entsprechend

8 Sehnsucht nach Herkules (Abl. ohne Präposition; Praedicativum)

Γ convenīre, conveniō	**zusammenkommen**; zusammenpassen; (*m. Akk.*) **treffen**
expōnere, expōnō	**ausstellen; aussetzen**; darlegen
spērāre, spērō	(er)**hoffen**; erwarten
vacāre, vacō (*m. Abl.*)	**frei sein** (*von*), (*etw.*) nicht haben
valēre, valeō	**gesund sein; Einfluss haben**
Γ domina, dominae *f* (5)	**die (Haus-)Herrin**
exemplum, exemplī *n*	**das Beispiel**
fortūna, fortūnae *f*	**das Schicksal; das Glück**; die Lage
lūx, lūcis *f*	**das** (Tages-)**Licht**
oculus, oculī *m*	**das Auge**
servitūs, servitūtis *f*	**die Sklaverei**; die Knechtschaft
vōx, vōcis *f*	**die Stimme**; der Laut
Γ bellus, bella, bellum	**hübsch**; schön
cūnctī, cūnctae, cūncta	**alle**
mortuus, mortua, mortuum (7)	**tot; gestorben**
nātus, nāta, nātum	**geboren**
prīmus, prīma, prīmum	**der erste**
rōbustus, rōbusta, rōbustum	**kräftig**, stark
tōtus, tōta, tōtum	**ganz**
Γ dē (*m. Abl.*)	**von; von … herab; über**; in Bezug auf
ē/ex (*m. Abl.*) (7)	(her)**aus**; von (… an); entsprechend

emere, emō	**kaufen**
sapientia, sapientiae *f*	**die Weisheit**; der Verstand
urbs, urbis *f*; *Gen. Pl.* urbium	**die Stadt**
vitium, vitiī *n*	**der Fehler, die schlechte Eigenschaft**
aequus, aequa, aequum	**gleich; angemessen**; gerecht
hodiē	**heute**
inter (*m. Akk.*)	**zwischen; unter; während**
ut	**wie**

9 Eine Gegnerin mit neun Köpfen (Substantive und Adjektive auf -[e]r)

Γ agere, agō	**tun; handeln**; aufführen; (*m. Adv. und* cum) umgehen (*m. jmdm.*)
cēdere, cēdō	**(weg)gehen; nachgeben**; überlassen
horrēre, horreō (*m. Akk.*)	**erschrecken (*vor*)**, schaudern
petere, petō	**bitten**, verlangen; **angreifen; aufsuchen**; gehen/fahren nach
studēre, studeō (*m. Dat.*)	**sich bemühen (*um*); wollen; sich bilden**
Γ ager, agrī *m*	**der Acker**, das Feld; **das Gebiet**
gladius, gladiī *m*	**das Schwert**
mors, mortis *f*; *Gen. Pl.* mortium	**der Tod**
puer, puerī *m*	**der Junge**
pūgna, pūgnae *f*	**der Kampf**
victor, victōris *m*	**der Sieger**
vir, virī *m*	**der Mann**
vīta, vītae *f*	**das Leben**
Γ asper, aspera, asperum	**hart; grob**, beleidigend; rau
bonus, bona, bonum	**gut; tüchtig**; gütig
dexter, dext(e)ra, dext(e)rum	**rechts**; *Subst.* die rechte Hand; die rechte Seite
dūrus, dūra, dūrum	**hart**; hartherzig
miser, misera, miserum	**elend, unglücklich**, armselig
pulcher, pulchra, pulchrum	**schön**
Γ bene (*Adv.*)	**gut**
etsī	**auch wenn**, obwohl
quam	**wie; wie sehr**
quod (*Subjunktion*)	**weil**

fīlius, fīliī m	**der Sohn**
sinister, sinistra, sinistrum	**links**; *Subst.* die linke Hand; die linke Seite

10 Ins Land der wilden Frauen (Imperfekt)

Γ carēre, careō (*m. Abl.*)	**frei sein** (*von etw.*), (*etw.*) **nicht haben**
labōrāre, labōrō	**arbeiten; sich anstrengen**; leiden
mūtāre, mūtō	(ver)**ändern**; verwandeln
putāre, putō	**glauben, meinen**; (*m. doppeltem Akk.*) **halten für**
sacrificāre, sacrificō	**opfern**
Γ hūmānitās, hūmānitātis *f*	**die Menschlichkeit; die Bildung**
labor, labōris *m*	**die Arbeit; die Anstrengung**, die Mühe; das Leid
mōs, mōris *m*	**die Art; die Sitte**, der Brauch
pater, patris *m*	**der Vater**
puella, puellae *f*	**das Mädchen**
rēx, rēgis *m*	**der König**
Γ bárbarus, bárbara, bárbarum	**barbarisch**, wild; *Subst.* **der Barbar**, der Nichtrömer, der Nichtgrieche
līber, lībera, līberum	**frei**; unabhängig
nēmō; *Dat.* nēminī, *Akk.* nēminem	**niemand**
Γ adhūc	**noch** (immer); **bis jetzt**, bis dahin
neque ... neque	**weder ... noch**
quondam	**einst**
ut	**wie**

addere, addō	**hinzufügen**
errāre, errō	(umher)**irren**; (sich) irren
impōnere, impōnō	**setzen, stellen, legen** (an, auf, in); bringen; auferlegen
statuere, statuō	**beschließen**, entscheiden; **aufstellen**; festsetzen
cēna, cēnae *f*	**das (Abend-)Essen**; die Mahlzeit
dīgnus, dīgna, dīgnum (*m. Abl.*)	(*einer Sache/Person*) **würdig**; angemessen
hūmānus, hūmāna, hūmānum	**menschlich; gebildet**
prīvātus, prīvāta, prīvātum	**persönlich**; privat
pūblicus, pūblica, pūblicum	**öffentlich, staatlich**

11 Das besondere Geschenk (Perfekt: Bildung mit -v-, -u-, -s-)

Γ dēsinere, dēsinō, dēsiī	**aufhören**

dēspērāre, dēspērō, dēspērāvī	**verzweifeln, die Hoffnung aufgeben**
impōnere, impōnō, imposui	**setzen, stellen, legen** (an, auf, in); bringen; auferlegen
negāre, negō, negāvī	**leugnen; ablehnen,** verweigern
praebēre, praebeō, praebuī	(dar)**reichen**, gewähren
servāre, servō, servāvī	**retten**, bewahren
trahere, trahō, trāxī	**ziehen**; schleppen
vīvere, vīvō, vīxī	**leben**
ſ hospes, hospitis *m*	**der Gast; der Gastgeber**
salūs, salūtis *f*	**die Rettung; das Wohl**, die Gesundheit; (*in Verbindung m.* dīcere) der Gruß
sors, sortis *f*; *Gen. Pl.* sortium	**das Schicksal**, das Los
ſ cēterī, cēterae, cētera	**die Übrigen**
ſ apud (*m. Akk.*)	**bei; in der Nähe von**
autem (*nachgestellt*)	**aber, (je)doch**
cum (*Subjunktion*)	**als**; als plötzlich
enim (*nachgestellt*)	**denn, nämlich**
proinde	**also**; daher
quamquam	**obwohl**, obgleich
sīc	**so**, auf diese Weise

īgnōrāre, īgnōrō, īgnōrāvī	**nicht wissen, nicht kennen**
interrogāre, interrogō, interrogāvī	(be)**fragen**
frāter, frātris *m*	**der Bruder**
pretium, pretiī *n*	**der Preis**
profectō	**tatsächlich**; auf alle Fälle
sī	**wenn; falls**

12 An der Pforte der Unterwelt (Perfekt: Bildung durch Dehnung, Reduplikation, ohne Veränderung)

ſ dēscendere, dēscendō, dēscendī	**herabsteigen;** hinuntergehen, herabkommen
licēre/licet, licuit (*m. Dat.*)	**es ist möglich; es ist erlaubt, (*jmd.*) darf**
mittere, mittō, mīsī	**schicken**; gehen lassen; werfen
movēre, moveō, mōvī	**bewegen; beeinflussen**
tangere, tangō, tetigī	**berühren**
terrēre, terreō, terruī	(*jmdn.*) **erschrecken**
ſ āra, ārae *f*	**der Altar**
caput, capitis *n*	**der Kopf**; die Hauptstadt
corpus, corporis *n*	**der Körper**; der Leib
genus, generis *n*	**das Geschlecht; die Art**; die Gattung
mōns, montis *m*; *Gen. Pl.* montium	**der Berg**
precēs, precum *f* (*Pluralwort*)	**die Bitten**; das Gebet
saxum, saxī *n*	**der Stein; der Fels**(brocken)
tergum, tergī *n*	**der Rücken**
ſ pius, pia, pium	**fromm**; gewissenhaft
ſ ā/ab (*m. Abl.*)	**von (... her)**, von ... weg; **seit**
per (*m. Akk.*)	**durch (... hindurch)**; über ... hin; mithilfe
post (*m. Akk.*)	**nach; hinter**

colere, colō, coluī	**pflegen; verehren; bebauen**
ēdere, ēdō, ēdidī	**verkünden; herausgeben**
flēre, fleō, flēvī	**weinen**; beklagen
restāre, restō, restitī	**übrig sein**, übrig bleiben; **überleben**
vertere, vertō, vertī	**wenden**; drehen; **verwandeln**
fābula, fābulae *f*	**die Geschichte**, die Erzählung; das Theaterstück
nūmen, nūminis *n*	**die (göttliche) Macht; die Gottheit**
ōrāculum, ōrāculī *n*	**das Orakel**, der Götterspruch; die Orakelstätte

13 Endlich wieder bei Deianira (Plusquamperfekt; Personal-Pronomen der 1./2. P.)

ſ opprimere, opprimō, oppressī	**unterdrücken; überfallen,** überwältigen
sollicitāre, sollicitō, sollicitāvī	**beunruhigen**; aufhetzen, aufwiegeln
statuere, statuō, statuī (10)	**beschließen**, entscheiden; **aufstellen**; festsetzen
sustinēre, sustineō, sustinuī	**aushalten**, ertragen
ſ cīvis, cīvis *m/f*; *Gen. Pl.* cīvium	**der/die Bürger(in), der/die Mitbürger(in)**
cūra, cūrae *f*	**die Sorge; die Sorgfalt**
mare, maris *n*; *Abl. Sg.* marī, *Nom./Akk. Pl.* maria, *Gen. Pl.* marium	**das Meer**
patria, patriae *f*	**das Vaterland, die Heimat**
vīs, *Akk.* vim, *Abl.* vī *f*; *Pl.* vīrēs, vīrium	**die Gewalt; die Kraft; die Menge**; *Pl. auch* **(Streit-) Kräfte**
ſ altus, alta, altum	**hoch; tief**
situs, sita, situm	**gelegen**, befindlich
ſ deinde	**dann, darauf**; von da an
numquam	**niemals**
quārē?	**weshalb? wodurch?**
tam	**so**

cognōscere, cognōscō, cognōvī	**erfahren; erkennen**; kennen lernen
redūcere, redūcō, redūxī	**zurückführen**; zurückbringen
scrībere, scrībō, scrīpsī	**schreiben**, verfassen
vendere, vendō, vendidī	**verkaufen**
nōmen, nōminis *n*	**der Name**; der Begriff
adversus, adversa, adversum	**ungünstig**, widrig; feindlich
inhūmānus, inhūmāna, inhūmānum	**unmenschlich**
aut	**oder**
nōs	*Nom.* **wir**; *Akk.* **uns**
ūnā (cum) (*Adv.*)	**zusammen (mit)**; gemeinsam
valē!/valēte!	**leb/lebt wohl!**
vōs	*Nom.* **ihr**; *Akk.* **euch**

14 Herkules mistet aus (AcI)

⌈ addere, addō, addidī (10)	**hinzufügen**
aperīre, aperiō, aperuī	**öffnen**; aufdecken
cōnsistere, cōnsistō, cōnstitī	**stehen bleiben**; sich hinstellen; bestehen (aus)
cūrāre, cūrō, cūrāvī (*m. Akk.*)	**sorgen** (*für*), **sich kümmern** (*um*)
ignōrāre, īgnōrō, īgnōrāvī (11)	**nicht wissen, nicht kennen**
scīre, sciō, scīvī	**wissen, verstehen**
sentīre, sentiō, sēnsī	**fühlen; merken**; meinen
surgere, surgō, surrēxī	**aufstehen**, sich erheben
tollere, tollō, sūstulī	**hochheben**; aufheben, **beseitigen**; vernichten
⌈ aqua, aquae *f*	**das Wasser**
arbor, arboris *f*	**der Baum**
caelum, caelī *n*	**der Himmel**; das Klima
hōra, hōrae *f*	**die Stunde**
pretium, pretiī *n*	**der Preis**
via, viae *f*	**der Weg, die Straße**
⌈ longus, longa, longum	**lang**, weit; lang andauernd
parātus, parāta, parātum	**bereit**
⌈ haud	**nicht**
mox	**bald** (darauf)
-que (*angehängt*)	**und**
vix	**kaum**

cadere, cadō, cécidī	**fallen**, sinken
frangere, frangō, frēgī	**(zer)brechen**
offendere, offendō, offendī	**stoßen** (auf); schlagen (an); beleidigen
pōnere, pōnō, posuī	**setzen; stellen; legen**
iter, itineris *n*	**der Weg; die Reise**; der Marsch
oppidum, oppidī *n*	**die** (*befestigte*) **Stadt**
tempestās, tempestātis *f*	**der Sturm**; das (schlechte) Wetter
modo	**gerade** (eben); **nur**; (ein)mal

15 Kampf mit den Giganten (Adjektive der Konsonantischen Deklination [Mischdeklination], Possessiv-Pronomen/Reflexiv-Pronomen)

⌈ arcessere, arcessō, arcessīvī	**herbeirufen, holen**
errāre, errō, errāvī	(umher)**irren**; (sich) irren
frangere, frangō, frēgī (14)	**(zer)brechen**
iūdicāre, iūdicō, iūdicāvī	(be)**urteilen**; richten
prōmittere, prōmittō, prōmīsī	**versprechen**
sē praebēre	**sich zeigen**, sich erweisen (als)
vindicāre, vindicō, vindicāvī	**beanspruchen**
⌈ animus, animī *m*	**das Herz; der Sinn; der Mut**; der Geist
rēgnum, rēgnī *n*	**das (König-)Reich; die Königsherrschaft**
tempus, temporis *n*	**die Zeit**; der Zeitpunkt
⌈ ācer, ācris, ācre	**heftig; hitzig**; hart; scharf
brevis, brevis, breve	**kurz**
fēlīx; *Gen.* fēlīcis	**glücklich**; vom Glück begünstigt
gravis, gravis, grave	**schwer**(wiegend), gewichtig; **ernst**
mortālis, mortālis, mortāle	**sterblich**
noster, nostra, nostrum	**unser**
omnis, omnis, omne	**jeder; ganz**; *Pl.* **alle**
suus, sua, suum	**sein; ihr**
tuus, tua, tuum	**dein**
⌈ modo (14)	**gerade** (eben); **nur**; (ein)mal
prō (*m. Abl.*)	**vor; für; anstelle (von)**
sē (*Akk.*),	**sich/**
sibī (*Dat.*),	**sich/**
sēcum (*Abl.*)	**mit sich, bei sich**

fōrma, fōrmae *f*	die Form, **die Gestalt; die Schönheit**
iūdicium, iūdiciī *n*	**das Urteil; das Gericht,** der Gerichtshof
iuvenis, iuvenis *m*	**der junge Mann**
facilis, facilis, facile	**leicht**, mühelos; umgänglich
meus, mea, meum	**mein**
vester, vestra, vestrum	**euer**

16 Tödliche Hochzeitsreise (is/ea/id als Personal-/Possessiv-Pronomen; AcI: gleichzeitiges/vorzeitiges Zeitverhältnis)

Γ accēdere, accēdō, accessī	**herantreten**; hingehen
appellāre, appellō, appellāvī	(*jmdn.*) **anreden**; sich (*an jmdn.*) **wenden**; (er)**nennen**
dīmittere, dīmittō, dīmīsī	**entlassen, wegschicken**; freilassen
dēlectāre, dēlectō, dēlectāvī	**erfreuen**, Freude machen
favēre, faveō, fāvī (*m. Dat.*)	**gewogen sein**; (*jmdn.*) begünstigen
līberāre, līberō, līberāvī	**befreien**
legere, legō, lēgi (5)	**lesen**; sammeln; auswählen
nārrāre, nārrō, nārrāvī	**erzählen**, berichten
scrībere, scrībō, scrīpsī (13)	**schreiben**, verfassen
Γ cibus, cibī *m*	**die Speise**; die Nahrung
fēmina, fēminae *f* (6)	**die Frau**
grātia, grātiae *f*	**der Dank**; die Beliebtheit; die Gunst
iter, itineris *n* (14)	**der Weg; die Reise**; der Marsch
vīnum, vīnī *n*	**der Wein**
vōtum, vōtī *n*	**der Wunsch; das Gelübde**
Γ difficilis, difficilis, difficile	**schwierig**
libēns; *Gen.* libentis	**gern**; (bereit)willig
Γ domum	**nach Hause**
is, ea, id	**er, sie, es**
item	**ebenfalls**, ebenso

cōnsīdere, cōnsīdō, cōnsēdī	**sich setzen,** sich niederlassen
fundere, fundō, fūdī	**(aus)gießen**; befeuchten
spargere, spargō, sparsī	**bespritzen**; verbreiten
flamma, flammae *f*	**die Flamme**, das Feuer
focus, focī *m*	**der Herd**
stultus, stulta, stultum	**dumm**, einfältig; *Subst.* der Dummkopf

vērus, vēra, vērum	**wahr**, echt
postrēmō	**schließlich**, zuletzt
quaesō	**ich bitte dich; bitte**

17 Aufstieg in den Olymp (Futur; Interrogativ-Pronomen)

Γ comperīre, comperiō, comperī	**erfahren,** in Erfahrung bringen
crēdere, crēdō, crēdidī	**glauben**; (an)**vertrauen**
fundere, fundō, fūdī (16)	**(aus)gießen**; befeuchten
ōrāre, ōrō, ōrāvī	**beten; bitten**
perturbāre, perturbō, perturbāvī	(völlig) **verwirren; beunruhigen**
trādere, trādō, trādidī	**übergeben, überliefern**
Γ annus, annī *m*	**das Jahr**
bellum, bellī *n*	**der Krieg**
flamma, flammae *f* (16)	**die Flamme**, das Feuer
urbs, urbis f; *Gen. Pl.* urbium (8)	**die Stadt**
uxor, uxōris *f*	**die Ehefrau**, die Gattin
Γ ēgregius, ēgregia, ēgregium	**hervorragend,** ausgezeichnet
ingēns; *Gen.* ingentis	**gewaltig**, ungeheuer
meus, mea, meum (15)	**mein**
trēs, trēs, tria	**drei**
Γ inter (*m. Akk.*) (8)	**zwischen; unter; während**
saepe	**oft**
satis	**genug**
sī (11)	**wenn; falls**
tamen	**dennoch, trotzdem**

dūcere, dūcō, dūxī	**führen; ziehen;** (*m. doppeltem Akk.*) halten für
explānāre, explānō, explānāvī	**erklären**
ars, artis *f*; *Gen. Pl.* artium	**die Kunst**; die Geschicklichkeit; das Handwerk
honōs/honor, honōris *m*	**die Ehre; das Ehrenamt**
monumentum, monumentī *n*	**das Denkmal**
opus, operis *n*	**das Werk**, die Arbeit
pōns, pontis *m*; *Gen. Pl.* pontium	**die Brücke**
summus, summa, summum	**der höchste**, der oberste, der äußerste
hūc	**hierher**
quō?	**wohin?**

18 Theseus und der gefährliche Gastgeber
(ire und Komposita; Relativ-Pronomen)

Γ cēnāre, cēnō, cēnāvī	**essen**
dūcere, dūcō, dūxī (17)	**führen; ziehen**; (*m. doppeltem Akk.*) halten für
exercēre, exerceō, exercuī	(aus)**üben**; ausbilden
habēre, habeō, habuī	**haben; halten**
invitāre, invitō, invitāvī	**einladen**
īre, eō, iī	**gehen**
perīre, pereō, periī	**zugrunde gehen**, umkommen
pōnere, pōnō, posuī (14)	**setzen; stellen; legen**
prohibēre, prohibeō, prohibuī	**abhalten, hindern**
trānsīre, trānseō, trānsiī	**hinübergehen**, herüberkommen; **überschreiten**
Γ ars, artis *f*; *Gen. Pl.* artium (17)	**die Kunst**; die Geschicklichkeit; das Handwerk
cīvitās, cīvitātis *f*	**der Staat; der Stamm; die Gemeinschaft der Bürger**
fīlius, fīliī *m* (9)	**der Sohn**
honōs/honor, honōris *m*	**die Ehre; das Ehrenamt**
iuvenis, iuvenis *m* (15)	**der junge Mann**
numerus, numerī *m*	**die Zahl**, die Menge
opus, operis *n* (17)	**das Werk**, die Arbeit
sēdēs, sēdis *f*; *Gen. Pl.* sēd(i)um	**der Sitz**; das Siedlungsgebiet, die Heimat
Γ aliēnus, aliēna, aliēnum	**fremd**
nūllus, nūlla, nūllum	**kein**
rēctus, rēcta, rēctum	**gerade**, direkt; **richtig**
summus, summa, summum (17)	**der höchste**, der oberste, der äußerste
Γ is, ea, id	**dieser, diese, dieses**; der(jenige), die(jenige), das(jenige)
nōndum	**noch nicht**
postrēmō (16)	**schließlich**, zuletzt
quī, quae, quod	**der, die, das; wer, was**
quandō?	**wann?**
sub (*m. Abl.*)	**unter**

crēscere, crēscō, crēvī	**wachsen**, zunehmen
disserere, disserō, disseruī	**sprechen über**, erörtern
redīre, redeō, rediī	**zurückgehen**, zurückkehren
imperium, imperiī *n*	**der Befehl; die Herrschaft; das Reich**
rīpa, rīpae *f*	**das Ufer**
nisī	**wenn nicht; außer**
trāns (*m. Akk.*)	**über (... hinüber); jenseits**

19 Stierkampf bei Marathon (Futur II, velle/nolle)

Γ cadere, cadō, cécidī (14)	**fallen**, sinken
laedere, laedō, laesī	**verletzen**; kränken
nescīre, nesciō, nescīvī	**nicht wissen, nicht verstehen**
nōlle, nōlō, nōluī	**nicht wollen**
ostendere, ostendō, ostendī	**zeigen**
recūsāre, recūsō, recūsāvī	**verweigern; sich weigern**
velle, volō, voluī	**wollen**
Γ cōnsilium, cōnsiliī *n*	**der Rat(schlag); der Plan; der Entschluss; die Absicht**
oppidum, oppidī *n* (14)	**die** (*befestigte*) **Stadt**
voluntās, voluntātis *f*	**der Wille; die Absicht**
Γ clēmēns; *Gen.* clēmentis	**sanft**(mütig), mild
duo, duae, duo	**zwei**
idōneus, idōnea, idōneum	**geeignet**; fähig
ūtilis, ūtilis, ūtile	**nützlich; brauchbar**
Γ cum (*Subjunktion*)	(immer) **wenn**
fortāsse	**vielleicht**
ita	**so**; auf diese Weise
vel	**oder**

cēnsēre, cēnseō, cēnsuī	(ein)**schätzen**; der Ansicht sein; (*m. doppeltem Akk.*) **halten für**
dēstināre, dēstinō, dēstināvī	**bestimmen**; ausersehen
simulāre, simulō, simulāvī	**vortäuschen; so tun, als ob**
aetās, aetātis *f*	**das Alter; das Zeitalter**
fīlia, fīliae *f*	**die Tochter**
iūs, iūris *n*	**das Recht**
litterae, litterārum *f*	**der Brief; die Wissenschaften**; die Literatur; *Sg.* der Buchstabe
nūptiae, nūptiārum *f* (*Pluralwort*)	**die Heirat**; die Hochzeit
virgō, virginis *f*	**die junge** (*unverheiratete*) **Frau**; die Jungfrau

20 Theseus im Labyrinth (kurzvokalische ĭ-Konjugation, Komposita von esse, posse)

Γ adesse, adsum, adfuī/affuī	**anwesend sein**, da sein; (*m. Dat.*) **helfen**
aspicere, aspiciō, aspexī	**anblicken**, ansehen
capere, capiō, cēpī	(ein)**nehmen, erobern**; (er)**fassen**, (er)greifen
cōnspicere, cōnspiciō, cōnspexī	**erblicken**
cupere, cupiō, cupīvī	**wünschen**, begehren, verlangen
dubitāre, dubitō, dubitāvī	**zögern; zweifeln**
incipere, incipiō, coepī	**anfangen**, beginnen
interesse, intersum, interfuī (*m. Dat.*)	**teilnehmen** (*an etw.*)
poscere, poscō, poposcī	**fordern**, verlangen
posse, possum, potuī	**können**
redīre, redeō, rediī	**zurückgehen**, zurückkehren
Γ lībertās, lībertātis *f*	**die Freiheit**
mēnsis, mēnsis *m*; *Gen. Pl.* mēns(i)um	**der Monat**
virgō, virginis *f* (19)	**die junge** (*unverheiratete*) **Frau**; die Jungfrau
Γ priusquam	**bevor**; (*nach verneintem Satz*) bevor nicht
quīnque	**fünf**
quattuor	**vier**

abīre, abeō, abiī	**(weg)gehen**
abesse, absum, āfuī	**abwesend sein**, fehlen; entfernt sein
accipere, accipiō, accēpī	**annehmen**, empfangen; aufnehmen
bibere, bibō, bibī	**trinken**
collocāre, collocō, collocāvī	**(auf-, hin)stellen,** (hin)setzen, legen
parentēs, parent(i)um *m*	**die Eltern**
testis, testis *m*; *Gen. Pl.* testium	**der Zeuge**
decimus, decima, decimum	**der zehnte**
decem	**zehn**
iūxtā (*m. Akk.*)	**neben**

Mini-Wörterbuch

A
ab inferis: aus der Unterwelt
ad inferos: in die Unterwelt
aula regia, aulae regiae: der Königshof

B
balteum, baltei: der Gürtel
bestia, bestiae: das wilde Tier, die Bestie

C
captare: fangen, gefangen nehmen
clava, clavae: die Keule
cuncti: alle

D
non debere (debui): nicht dürfen
diutius: (noch) länger
domi: zu Hause

E
eam: sie
ei: ihm
eis: ihnen
eius: seine/ihre

F
facere (feci): tun, machen
favere (*m. Dat.*): (*jmdm.*) gewogen sein
filia, filiae: die Tochter
flumen, fluminis *n*: der Fluss

H
Herculi: dem Herkules
Herculis: des Herkules

I
id: dies/diesen
imponere (imposui): auferlegen, aufbürden

L
labor, laboris *m*: die Arbeit

M
meus, mea, meum: mein
mecum: mit mir
mihi: mir
monstrum, monstri: das Ungeheuer
mulier, mulieris *f*: die Frau

N
narrare: erzählen

O
obviam: entgegen

P
perfidus, -a, -um: wortbrüchig
poeta, poetae *m*: der Dichter
prima luce: bei Tagesanbruch
prope/propius: nahe, in der Nähe/näher
pugnare: kämpfen

R
reportare: zurücktragen, zurückbringen
rex, regis *m*: der König

S
sagitta, sagittae: der Pfeil
se: sich
suus, sua, suum: sein

T
taurus, tauri: der Stier
tibi: dir
tota terra: auf der ganzen Welt

U
ubique: überall

V
vastare: verwüsten
victoria, victoriae: der Sieg
virtus, virtutis *f*: die Tüchtigkeit, die Tapferkeit

* Eigennamen

Menschen und Halbgötter

Aegeus, -ei	Aegeus (*griech.* Aigeus), König von → Athen
Alcyoneus, -i	Alkyoneus, König der → Giganten
Alkmene	Gemahlin des Amphitryon von Theben, Mutter des von → Jupiter gezeugten → Herkules
Amazones, -um (*Akk.* -as)	Amazonen, sagenhaftes Frauenvolk aus → Asien, in Skythien (heute Südrussland) wohnend
Androgenes, -is	Androgenes, Sohn des → Minos
Ariadna, -ae	Ariadne, Tochter des → Minos, Geliebte des → Theseus
Athenienses, -ium	Bewohner von → Athen, Athener
Augias, -ae	Augias, Sohn des Sonnengottes Helios (*lat.* Sol), König von → Elis, einer Landschaft auf der → Peloponnes
Deianira, -ae	Deianira (*griech.* Deianeira), Tochter des Königs Oineus von → Kalydon
Europa	Tochter des Königs Agenor von Phönizien in Kleinasien
Eurystheus, -ei	Eurystheus, König über die Landschaft → Argolis samt den Burgen von Mykene und Tiryns auf der → Peloponnes
Eurytus, -i	Eurytus (*griech.* Eurytos) König von Oichalia in → Thessalien
Graeci, -orum	Griechen
Hercules, -is	Herkules (*griech.* Herakles), Sohn des → Jupiter (*lat.* Zeus) und der → Alkmene
Hippolyta, -ae	Hippolyta, Tochter des → Mars, Königin der → Amazonen
Iola, -ae	Iole, Tochter des Königs → Eurytos
Iolaus, -i	Iolaus (*griech.* Iolaos), Neffe und ständiger Begleiter des → Herkules
Minos, -ois	Minos, Sohn des Zeus (*lat.* → Iuppiter) und der → Europa, König von → Kreta
Pasiphae	Tochter des Sonnengottes Helios (*lat.* Sol), Frau des Königs → Minos von → Kreta
Procrustes, -is	Prokrustes, angeblich Sohn des Poseidon (*lat.* → Neptunus), schurkischer Wegelagerer, der bei Athen den Wanderern auflauert und sie grausam tötet
Theseus, -ei	Theseus, Sohn des → Aigeus, des Königs von → Athen

Götter, Fabelwesen und Ungeheuer

aper Erymantheus	der Erymanthische Eber, der Eber vom → Erymanthus
Apollo, -inis	Apollo, Gott der Weisheit, Kunst und Medizin
Atlas, -ntis	Atlas, einer der → Titanen, der weit im Westen der Erde das Himmelsgewölbe auf seinen Schultern trägt
Centaurus, -i	Kentaur, monströses Wesen mit dem Leib eines Pferdes, aber mit dem Kopf und den Händen eines Menschen
Cerberus, -i	Zerberus (*griech.* Kerberos), Bewacher des Unterweltseingangs, dem → Pluto gehörig.
Ceres, Cereris	Ceres, Göttin der Fruchtbarkeit
Diana, -ae	Diana (*griech.* Artemis), Göttin der Jagd und der Jungfräulichkeit
Gaia	Erde; → Terra
Gigantes, -ium	Giganten, Ungeheuer mit Menschenleibern, deren Beine oder Füße in Schlangen auslaufen, Söhne der → Gaia
Hesperides, -um	Hesperiden, Töchter des → Atlas und der Nacht, die am Westrand der Erde einen Garten mit goldenen Äpfeln bewachen

Hydra, -ae	Wasserschlange, als vielköpfige Hydra von → Lerna berühmt geworden
hydra Lernaea	die Lernäische Hydra, die Hydra von → Lerna
Iuno, -onis	Juno (*griech.* Hera), Gemahlin des → Jupiter
Iuppiter, Iovis	Jupiter (*griech.* Zeus), Göttervater
leo Nemeus	der Nemeische Löwe, der Löwe von → Nemea
Mars, Martis	Mars (*griech.* Ares), Gott des Krieges
Minerva, -ae	Minerva (*griech.* Athene), Göttin der Weisheit, der Kunst und des Handwerks, Beschützerin der Stadt Athen
Minotaurus, -i	Ungeheuer, das aus der Verbindung von → Phasiphae mit dem sog. Stier des → Minos entstanden ist, mit dem Körper eines Menschen und dem Kopf eines Stieres
Neptun	Gott des Meeres (*griech.* Poseidon)
Nessus, -i	Nessus (*griech.* Nessos), einer der → Kentauren
Nymphen	Naturgottheiten, die ihren Sitz in Gewässern, Wäldern und Gebirgen haben
Pluto, -onis	Pluto (*griech.* Hades), Gott der Unterwelt
Proserpina, -ae	Proserpina (*griech.* Persephone), Tochter der → Ceres
Terra, -ae	die Erde (*griech.* Gaia) als Gottheit
Titanes, -um	Söhne des Uranos („Himmel“) und der → Gaia („Erde“, *lat.* → Terra), ein gewalttätiges früheres Göttergeschlecht

Orte

Ätolien	Landschaft in Mittelgriechenland
Argolis, -idis	Argolis, Landschaft im Norden der → Peloponnes
Arcadia, -ae	Arkadien, Landschaft in der Mitte der → Peloponnes
Asia, -ae	(Klein-)Asien
Athenae, -arum	Athen, Stadt in → Attika, später Hauptstadt Griechenlands
Attica, -ae	Attika, Landschaft in Mittelgriechenland
Creta, -ae	Kreta, Insel südlich von Griechenland
Elis, -idis	Elis, Landschaft im Nordwesten der → Peloponnes
Erymanthus, -i	Erymanthus (*griech.* Erymanthos), Berg in → Arkadien
Euenus, -i	Euenus (*griech.* Euenos), Fluss in → Ätolien
Kalydon	Hauptstadt der Landschaft → Ätolien
labyrinthus, -i	Labyrinth, Gebäude mit verwirrenden Gängen, das der athenische Baumeister Dädalus auf → Kreta für König → Minos als Gefängnis für den → Minotaurus erbaut haben soll
Lerna, -ae	Lerna, ein von Sumpfgebiet umgebener See in der Landschaft → Argolis auf der → Peloponnes
Marathon, -is	Marathon, kleiner Ort in → Attika, nahe am Meer gelegen
campus/taurus Marathonius	die Ebene/der Stier von → Marathon
Nemea, -ae	Nemea, ein kleiner Landstrich in der → Argolis
Oeta, -ae	Öta, Berg in → Thessalien
Oichalia	Ort in → Ätolien
Pelion	Berg in → Thessalien
Peloponnes	Halbinsel im Süden Griechenlands
Tartarus, -i	Tartarus (*griech.* Tartaros), Raum unterhalb der Unterwelt
Thebae, -arum	Theben, wichtigste Stadt in der Landschaft Böotien in Mittelgriechenland
Thessalia, -ae	Thessalien, Landschaft in Mittelgriechenland
Trachis, -inis	Trachis, Stadt in → Thessalien

Mythologische Landkarten

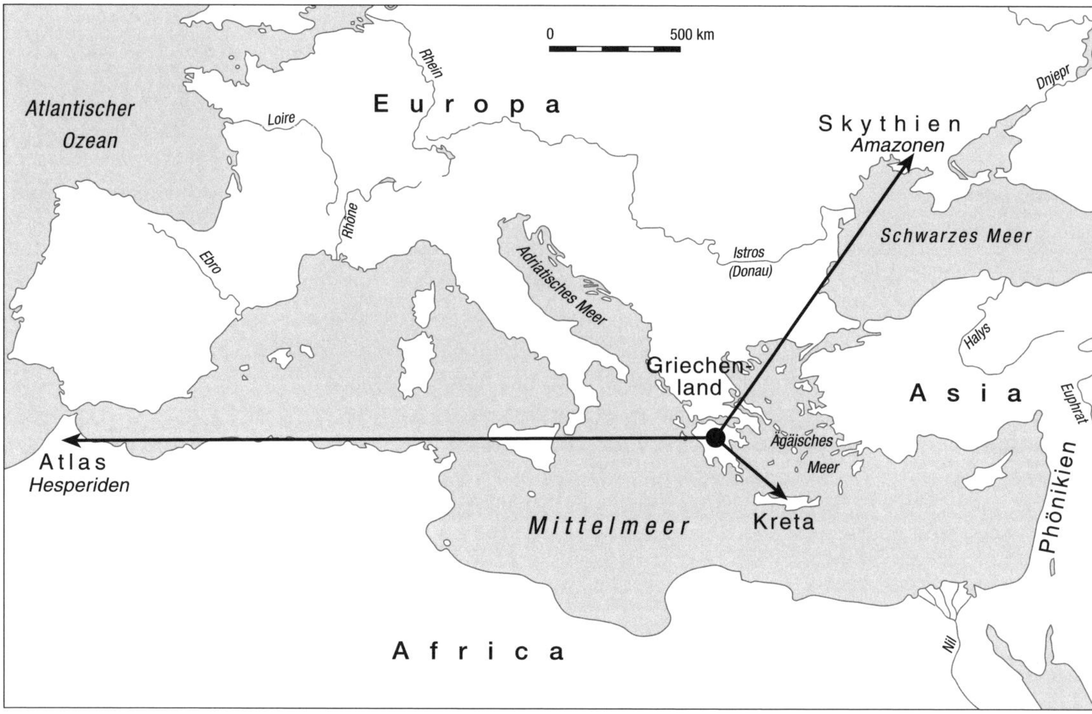

Stationen der Abenteuer des Herkules und des Theseus

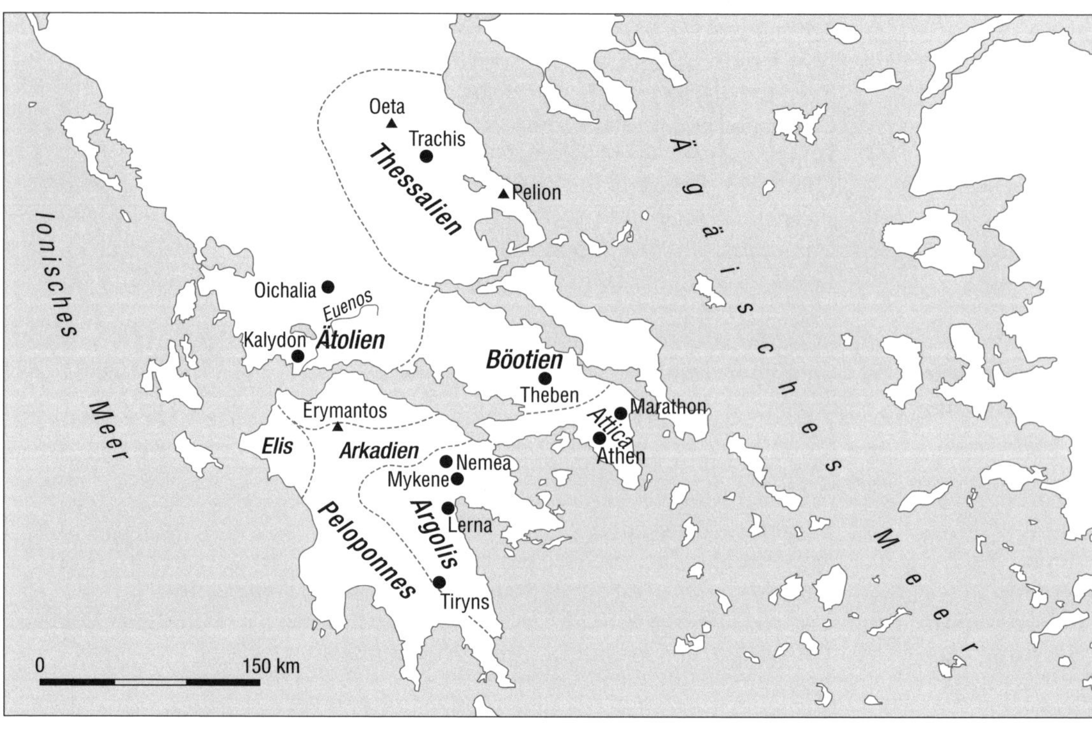

LÖSUNGEN

in runden Klammern: wörtliche Übersetzung; in spitzen Klammern: notwendige Ergänzungen im Deutschen

1 Herkules hat Langeweile

1. Herkules liegt in der Sonne. Der Hund steht in der Nähe und schweigt. 2. Die Sonne brennt. Es herrscht (ist) Stille. Auch der Esel schweigt, er schreit nicht mehr. 3. Worauf wartet Herkules (Was erwartet ...)? Warum gefällt ihm die Sonne nicht? Warum gefällt ihm die Stille nicht? 4. Plötzlich bellt (schreit) der Hund. Der Esel schweigt nicht mehr. Was ist <los>? 5. Wer kommt? Sieh da! Deianira, die Freundin des Herkules, kommt. 6. Aber warum liegt Herkules nicht <mehr> in der Sonne? Wo ist er? 7. Er steht im Haus und wartet. 8. Die Freundin zögert, näher zu kommen. Warum zögert sie? 9. Was ist <los>? Warum macht es Herkules keinen Spaß, mit <seiner> Freundin zusammen zu sein?

2 Besuch von Deianira

1. Sieh da! Dort kommt die ganze Familie Deianiras. 2. Es kommen die Freunde des Herkules, es erscheinen auch ihre Diener und Dienerinnen. 3. Schnell nähern sie sich und grüßen: „Hallo, Herkules!" 4. Darauf <sagt> Herkules: „Sei gegrüßt, Deianira! Seid gegrüßt, Freunde und Freundinnen!" 5. Herkules lacht und freut sich. Nun macht es ihm Spaß, mit Deianira zusammen zu sein. Denn es sind auch <seine> Freunde da. 6. Was bringen die Freunde mit? Sie eilen <herbei> und rufen: „Hier sind Geschenke!" 7. Die Geschenke gefallen dem Herkules sicher; denn es sind Waffen. Und Herkules macht es Spaß zu kämpfen. 8. Alle lachen und freuen sich. 9. Aber plötzlich sind sie still. Schau! In der Ferne erscheint ein Pferd.

3 Dienstantritt beim König

1. Das Pferd steht. Da meldet der Reiter: „König Eurystheus befiehlt: 2. ‚Herkules, du musst sofort an den Hof des Königs kommen und seine Worte hören.'" 3. Herkules antwortet: „Warum ruft mich König Eurystheus? Was verlangt er (Worum bittet er?)?" 4. Darauf der Bote: „Überall bereiten Ungeheuer Gefahren. 5. Die Menschen haben vor den Gefahren sehr Angst. Sie eilen nicht mehr in die Provinzen, sie segeln nicht mehr zu den Inseln." 6. Herkules fragt: „Woher kommen die Ungeheuer? Was muss ich tun?" 7. Der Reiter antwortet: „Dich ruft der König. Du musst mit den Ungeheuern kämpfen. Denn die Gefahren dürfen nicht länger bestehen (sein)." 8. Herkules: „Sicher gehorche ich gern (gefällt es mir, zu gehorchen). Sofort will ich (habe ich vor) an den Hof des Königs (zu) eilen." 9. Die Freunde freuen sich nicht. Doch warum hält Deianira die Tränen nicht mehr zurück?

4 Herkules' erster Auftrag

1. Herkules betritt den Hof des Königs. Dort sitzen der König und die Königin, denn sie warten auf Herkules. Der starke Mann gefällt ihnen sehr. 2. Der König begrüßt Herkules: „Hallo, Herkules! Du bist mein Sklave. Du musst meine Worte hören. 3. Das Volk hat schon lange vor Gefahren Angst. Denn überall sind böse wilde Tiere. 4. Du allein kannst die Raserei der wilden Tiere bändigen. Und die Menschen sollen nicht mehr länger in Angst sein (sich fürchten)." 5. Herkules antwortet: „O König, sicher gedenke (beabsichtige) ich, dir zu gehorchen." 6. Sofort gibt er das Zeichen. Schon treibt er das Pferd an und zögert nicht, sich schnell in die Provinz zu begeben (eilen). 7. Dort sieht er den Löwen von Nemea. Schon kämpfen Mensch und Tier. Welch heißes Ungestüm (wie große Hitze) des Löwen! Welch ein Schauspiel! Herkules schreit, das Gebrüll des Tieres ist groß. 8. Das Volk erlebt (sieht) den Kampf. Endlich besiegt Herkules den Löwen. Alle rufen: „Sei gegrüßt, Herkules!" 9. Dann beten sie die Bilder der Götter und Göttinnen an.

5 Herkules kämpft mit List

1. Dann eilt Herkules zu König Eurystheus und sagt: „Der Löwe von Nemea ist getötet." 2. Der König antwortet: „Sicher freuen wir uns, aber, Herkules, du musst <noch> viele andere Ungeheuer töten. 3. Auch in Arkadien bereitet ein Ungeheuer, ein riesiger Eber, den Menschen Gefahren. Die Menschen dort fürchten das wilde Tier sehr. 4. Ich bin <dein> Herr. Wer darf den Herren ungehorsam sein (nicht gehorchen)? Bestimmt gehorchst auch du dem Herrn. Doch warum zögerst du?" 5. Herkules zögert jedoch nicht. Denn er ist es gewohnt, immer zu gehorchen. 6. Sofort bricht er nach Arkadien auf (geht

er weg) und beabsichtigt, den Erymanthischen Eber zu suchen. 7. Endlich betritt er (dringt er ein in ...) Arkadien. Das Ungeheuer verwüstet dort die Felder und jagt den Menschen Schrecken ein (bereitet ...). 8. Herkules hat keine Angst vor der Raserei des wilden Tieres. Plötzlich sieht er die Bestie. 9. Herkules kämpft nicht sofort, sondern wartet. Er denkt: „Das Tier darf nicht flüchten (sich der Flucht hingeben). Aber vor Einbruch der Nacht (vor der Nacht) kann ich das Tier nicht angreifen.“ 10. Endlich ist Nacht. Herkules fängt das Ungeheuer, während es schläft. Dann bringt er das gefangene Tier zum König. 11. „Seht das Tier!“, ruft er und fragt den König und die Königin: „Warum klatscht ihr nicht Beifall?“ Der König und die Königin spenden Beifall.

6 Doppelter Kampf

1. Eurystheus freut sich nicht und ist nicht vergnügt (froh). Sondern er sagt: „Herkules, nun musst du zur Insel Kreta segeln. 2. Denn dort ist ein anderes Ungeheuer: der Stier des Minos. Überall bereitet er den Menschen große Gefahren. Segle <los>! Geh auf die Insel! Besiege dieses wilde Tier! 3. König Minos auf Kreta ist schon lange traurig. Viele haben dort Angst vor dem großen Stier. Nimm schnell die Waffen! Bring anderen Hilfe! Sei ein großer Kämpfer!“ 4. Herkules muss Eurystheus gehorchen. Sofort ruft er: „Matrosen, eilt herbei! Kommt mit mir zur Insel Kreta! Seht euch dort das neue Ungeheuer an! Besiegt mit mir den Stier des Minos!“ 5. Die Matrosen sind froh; denn es macht ihnen Spaß, den Stier anzugreifen und zu besiegen. Schnell machen sie das Schiff fahrbereit (bereiten sie). 6. Günstige Winde treiben das Schiff zur Insel Kreta hin. An Land kämpft Herkules allein gegen den großen Stier. Er bezwingt das rasende Tier (die Raserei des Tieres), tötet es aber nicht, sondern gedenkt (beabsichtigt), das Ungeheuer auf dem Schiff zu Eurystheus zu (wegzu)bringen. 7. Auf hoher See schreien die Matrosen plötzlich: „Schaut! <Da> nähert sich ein anderes Schiff. Es sind Piraten. Verteidigt das Schiff! Seid große Kämpfer, Freunde!“ 8. Lange kämpfen sie. Schließlich besiegen Herkules und die Matrosen die Piraten. Die einen töten sie, die anderen werfen sie ins Meer. 9. Dann bringt Herkules den Stier zu Eurystheus und sagt: „Sei gegrüßt, König! Hier ist das neue Ungeheuer. Hier ist der große Stier des Minos. Sei froh, Eurystheus!“

7 Herkules trägt den Himmel

1. Herkules sagt zu Eurystheus: „Bist du nicht froh? Hier ist der Stier des Minos. Erwartest du etwa etwas anderes?“ 2. Der König betrachtet den Stier und antwortet: „Gewiss bin ich froh. Dein Sieg ist erfreulich. Aber, Herkules, eine neue Arbeit wartet auf dich. 3. Eile und bringe mir die goldenen Äpfel der Hesperiden, nicht <nur> einen, sondern viele! Die Äpfel der Hesperiden sind auf einer Insel fern von unserem Land.“ 4. Herkules gehorcht wiederum. Lange sucht er die Hesperiden. Sie sind die Töchter des Atlas. 5. Endlich kommt Herkules zu Atlas. Und Atlas trägt den Himmel auf den Schultern. Herkules bittet: „Gib mir die goldenen Äpfel, Atlas!“ 6. Atlas: „Ich will dir gerne helfen (Es gefällt mir ...). Während du an meiner Stelle den Himmel auf deinen Schultern trägst, hole ich die Äpfel.“ 7. Herkules zögert nicht, sofort den Himmel auf seinen Schultern zu tragen. Atlas ruft zunächst mit Freude (Vergnügen) <seine> Töchter; denn er liebt sie; dann gibt er den Auftrag (befiehlt er): „Gebt mir die goldenen Äpfel!“ Die Töchter gehorchen. 8. Plötzlich aber will (gedenkt) Atlas den Himmel nicht mehr (zu) tragen und er hat vor, selbst die beliebten (erfreulichen) Äpfel zu Eurystheus zu tragen. 9. Doch Herkules ist nicht dumm (ohne Verstand). Er fragt Atlas: „Trägst du einen kurzen Augenblick den Himmel, bis ich meine Schultern dafür herrichte?“ 10. Atlas befürchtet nichts. Deshalb zögert er nicht, den Himmel zu tragen, doch Herkules nimmt sofort die Äpfel und eilt mit ihnen schnell zu König Eurystheus.

8 Sehnsucht nach Herkules

1. Während sich Herkules auf der ganzen Erde durch seine großen Taten (Arbeiten) Ruhm erwirbt, sitzt Deianira, seine Freundin, lustlos (ohne Vergnügen) allein und traurig zu Hause. 2. Auch sind ihre Augen voller Tränen (nicht frei von ...). Denn sie denkt immer an Herkules, ihren starken Freund. 3. „Vielleicht ist Herkules schon tot, vielleicht geht es ihm gut (ist er gesund) und er liebt mich nicht mehr. 4. Ich stamme von einem König ab (bin geboren), ich bin sehr schön; aber ich freue mich nicht über mein Schicksal.“ 5. Plötzlich erscheint am frühen Morgen (bei Tagesanbruch) eine von den Dienerinnen und sagt freudig (froh): „Ein Bote nähert sich in der Ferne. Sicher bringt er eine gute Kunde (günstige Botschaft), Herrin.“ 6. Endlich kommt der Bote bei Deianira an (kommt mit ... zusammen). Mit lauter Stimme erklärt er: 7. „Herkules mag gewiss den

Sklavendienst (die Knechtschaft) unter (des) Eurystheus nicht, aber er befreit überall die Erde von Gefahren, überall liefert (gibt) er große Beispiele <seiner> Tapferkeit. Deshalb ist er ein großer und starker Freund der Menschen. 8. Herkules hat keine Lust mehr, lange <von hier> fern zu sein. Warte du hier! Sei guter Hoffnung, Herrin!“ 9. Alle hören die Botschaft voll Freude (froh). Deianira hört den Boten schweigend an. Doch warum ist sie nicht froh?

9 Eine Gegnerin mit neun Köpfen

1. Auch Herkules denkt traurig an Deianira; denn er ist nicht hartherzig. Und er liebt die schöne Freundin sehr. Was denkt er? 2. „Welch armes Leben führt Deianira! Viele Tränen vergießt sie, weil ich sie so lange nicht aufsuche. 3. Sicher möchte ich gerne mit Deianira zusammentreffen (gefällt es mir ...). Deshalb will ich nicht mehr länger von ihr fernbleiben. 4. Doch Eurystheus bürdet (legt) mir immer wieder (wieder und wieder) mühsame (harte) Arbeiten auf. Der Sklavendienst (die Knechtschaft) ist hart.“ 5. Tatsächlich gibt Eurystheus mit lauter Stimme wieder den Befehl: „Beeile dich, Herkules, und töte die Lernäische Hydra! 6. Die Hydra lauert im Sumpfgebiet von Lerna und bereitet mit <ihren> neun Köpfen große Gefahren. Sie pflegt die Menschen mit <ihrem> Gift zu töten.“ 7. Wieder gehorcht Herkules. Sofort geht er auf die Suche nach dem Ungeheuer (sucht er auf) und schreckt vor der Todesgefahr nicht zurück. 8. Doch der starke Mann ist, obwohl er einen guten Kampf liefert, nicht sofort Sieger. Denn während er mit <seiner> Keule einen Kopf der Hydra abschlägt, wachsen zwei neue nach. 9. Da leistet ihm der Junge Iolaus Hilfe. Er kämpft gut. Denn er kämpft nicht mit dem Schwert, sondern brennt mit Fackeln die Köpfe des wilden Tieres aus. 10. Schließlich greift Herkules mit der rechten Hand (mit der Rechten) die Hydra an, tötet <sie>, verlässt als Sieger das Gebiet von Lerna und eilt zu Eurystheus. 11. Der König freut sich nicht und applaudiert auch nicht, weil Herkules nicht allein, sondern <nur> mit der Hilfe des Iolaus das Ungeheuer besiegt hat.

10 Ins Land der wilden Frauen

1. Die Amazonen waren einst wilde Frauen und führten in Asien ein Leben ohne Männer; deshalb pflegten sie nicht einem König, sondern einer Königin zu gehorchen. 2. Weil alle Amazonen sehr kräftig waren und keine Bildung hatten, fanden sie allein an Waffen Gefallen (gefielen ihnen ...) und führten immer auf Pferden Krieg. 3. Viele hielten die Amazonen für von Mars, dem Kriegsgott, abstammende Frauen. Denn sie verehrten Mars wie einen Vater. 4. Diese Frauen führten ein sehr freies Leben und hatten vor Knechtschaft schreckliche Angst. Sie arbeiteten nichts. Doch sie fürchteten weder die Raserei des Krieges noch die Gefahr des Todes. 5. Nicht Liebe, sondern die Hitze des Kampfes trieb die Amazonen schon in Mädchenjahren (als Mädchen) an. 6. Deshalb war es bei ihnen Sitte, nicht mit Jungen zusammen zu sein, sondern Diana, der Göttin der Jungfräulichkeit, zu opfern. 7. Die Amazonen waren niemals bereit (den Amazonen gefiel es ...), ihre rauen Sitten zu ändern. 8. Weil sie den Menschen immer Gefahren bereiteten, wollte sich ihnen bisher niemand nähern. 9. Aber Herkules musste die Amazonen aufsuchen. Wenn er auch diese Aufgabe (Arbeit) für sehr hart hielt, leistete er (gehorchte) wieder dem Eurystheus Gehorsam.

11 Das besondere Geschenk

1. Eurystheus lebte zu Hause gut; er saß auf dem Königsthron und hörte die Worte des Herkules: 2. „O Eurystheus, ich habe schon viele Ungeheuer besiegt und getötet. Obwohl ich immer Sieger gewesen bin, hörst du nicht auf, mir immer neue (neue und neue) Arbeiten aufzubürden? Mein Schicksal ist elend. 3. Von ganzem Herzen wünsche ich (will ich), endlich <wieder> mit meiner Freundin Deianira zusammenzutreffen.“ 4. Der König jedoch sagte: „Du hast, mein Herkules, noch nicht genug gearbeitet. Segle nun zum Land der Amazonen! 5. Bei jenen herrscht (ist Königin) Hippolyta, eine von Mars abstammende Frau. Bring mir den Gürtel der Königin! Der Gürtel ist nämlich ein schönes Geschenk <ihres> Vaters Mars.“ 6. Und Herkules war weiterhin gehorsam (hörte nicht auf zu gehorchen). Sofort segelte er mit Gefährten zum Land der Amazonen und verlangte von Hippolyta den Gürtel. 7. Diesen verweigerte die Königin dem Gast nicht. Schon überreichte sie Herkules den Gürtel, als plötzlich die Göttin Juno auftrat (erschien). 8. Juno war eine harte Göttin und dem Herkules nicht gewogen. Deshalb hetzte sie mit folgenden Worten die übrigen Amazonen auf: 9. „Herkules will mit List die Königin entführen. Schon viele Frauen hat er so in sein Land verschleppt (geschleppt). Deshalb rettet die Königin!“ 10. Die Amazonen hörten die Worte der Göttin, sie entsetzten sich über (erschraken vor) Herkules und kämpften mit dem

starken Mann und seinen Gefährten; doch bald gaben sie die Hoffnung auf Sieg und Rettung auf (verzweifelten sie an ...). 11. Herkules war wieder der Sieger. Hippolyta jedoch tötete er, weil er sie für wortbrüchig hielt, und brachte den Gürtel zu Eurystheus.

12 An der Pforte der Unterwelt

1. Herkules kam zu Eurystheus und sagte mit lauter Stimme: 2. „Eurystheus, du hast mich zu den Amazonen geschickt. Schau! Hier ist der Gürtel der Hippolyta. Die Königin habe ich getötet. 3. Obwohl sie nämlich vom Geschlecht der Götter abstammt (aus ... geboren ist), war sie nicht ehrlich (fromm), sondern wortbrüchig. 4. Sie wollte mir nämlich schon den Gürtel geben, als plötzlich die Amazonen mich mit Waffen angriffen. Wieder war ich Sieger. Nach dem Sieg bin ich sofort zu dir gesegelt.“ 5. Herkules gab Eurystheus den Gürtel. Diesen legte Eurystheus auf den Altar der Juno. Dann antwortete er: 6. „Gut hast du gearbeitet, Herkules. Sicherlich freue ich mich <darüber>. Doch erledige eine neue Arbeit! Steige in die Unterwelt hinab und bring mir den Zerberus, den Hund des Pluto!“ 7. Darauf eilte Herkules durch Felder, felsiges Gelände (Felsen) und Berge. Er fragte bei (aus) allen: „Wo kann ich in die Unterwelt gelangen (... ist es mir möglich, zu kommen)?“ 8. Schließlich bewegte er Proserpina mit seinen Bitten, stieg mit der Hilfe der Göttin hinab und sah den Hund des Pluto. Er war sehr entsetzt. Der Hund war nämlich ein Ungeheuer mit großem Körper und drei Köpfen. 9. Herkules nahm den Hund gefangen und schleppte ihn auf dem Rücken aus der Unterwelt zu Eurystheus. 10. Doch das Ungeheuer erschreckte den König sehr. Deshalb rührte Eurystheus den Zerberus nicht an, sondern schrie ständig so (hörte nicht auf, so zu schreien): „Trag sofort diese Bestie in die Unterwelt zurück!“

13 Endlich wieder bei Deianira

1. Herkules stieg wieder in die Unterwelt hinab und brachte den Zerberus zurück. Dann saß er traurig auf einem hohen, nahe dem Meer gelegenen Felsen, weil er keine Lust mehr hatte, den Sklavendienst (die Knechtschaft) unter Eurystheus (des Eurystheus) zu ertragen. 2. Plötzlich entschloss er sich, sich in die Heimat der Deianira zu begeben. Er hatte nämlich große Sehnsucht (wollte sehr), wieder einmal mit <seiner> Freundin zusammenzukommen. Schnell kam er dorthin. Deianira sah den Freund erfreut an, doch sie schwieg. 3. Deshalb sagte Herkules: „Wie froh bin ich! Nun endlich sehe ich dich wieder, <meine> Freundin. Freue auch du dich! Warum sagst du nichts? Bist du nicht frei von Kummer (Sorgen)? 4. Gewiss ist uns das Schicksal nicht gewogen. Du hast so lange ohne mich gelebt (das Leben geführt). Ich musste viele Arbeiten erledigen. 5. Ich habe den Lernäischen Löwen besiegt. Dieser hatte durch <seine> wilde (große) Raserei den Menschen Gefahren bereitet. 6. In Arkadien habe ich den Erymanthischen Eber gefangen. Dieser hatte das Gebiet verwüstet und alle Menschen in großen Schrecken versetzt (sehr erschreckt). 7. In Kreta habe ich mit dem Stier des Minos unter Aufbietung aller Kräfte (mit allen Kräften) gekämpft, das wilde Tier besiegt und zu Eurystheus weggeschleppt. Der Stier hatte niemals aufgehört, auf der ganzen Insel die Bürger zu beunruhigen und zu überfallen. Aber niemand hatte ihnen Hilfe geboten. 8. In Asien habe ich mit den Amazonen unter großem Krafteinsatz (mit großer Kraft) gekämpft und den Gürtel der Königin Hippolyta zu Eurystheus gebracht. Die Amazonen hatten alle in der Nähe gelegenen Länder überfallen und waren immer Sieger gewesen. 9. Aus der Unterwelt habe ich Zerberus, den schrecklichen Hund des Pluto, entführt. Dieser war am Eingang der Unterwelt gelegen und hatte ihn gegen <noch> nicht tote Menschen verteidigt und ...“ 10. Doch während Herkules von seinen Arbeiten erzählte, kam ein Bote und rief: „Eurystheus befiehlt dir, Herkules, an den Königshof zu kommen. Es ist dir nicht erlaubt, hier zu bleiben.“ 11. Herkules sagte: „Leb wohl, Deianira!“, und eilte sofort zum König.

14 Herkules mistet aus

1. Kaum war Herkules auf den Königshof gekommen, als Eurystheus ihm eine neue Arbeit auftrug. 2. „Fahre zu König Augias von Elis! Ich habe nämlich gehört, dass Augias am Verzweifeln ist (an seinem Wohl verzweifelt). Der König hat aufgehört, zu arbeiten und den Stall seines Viehs zu reinigen. 3. Weil der ganze Stall voll von Mist ist, kann dort das Vieh nicht mehr liegen und schlafen. 4. Offensichtlich kann der König allein den Stall nicht reinigen. Ich weiß, dass der König von uns Hilfe erbittet. Deshalb bring du, Herkules, schnelle Hilfe (hilf du schnell)! Reinige den Stall!“ 5. Obwohl Herkules den harten Sklavendienst als schrecklich empfand (vor dem ... schauderte), war er bereit, sich auch um diesen Auftrag zu kümmern. 6. Deshalb eilte er nach Elis, sah den

Stall, blieb am Weg stehen und dachte lange: „In der Tat, ich sehe, dass Augias nicht ohne Sorgen ist. Wie arm ist der König dran (Wie elend ist ...)! Doch was kann ich tun?" 7. Bald öffnete er alle Tore des Stalls, leitete einen Fluss um und ließ das Wasser des Flusses durch den Stall fließen (führte durch ...). 8. Während Herkules viele Stunden unter einem Baum saß und den Himmel betrachtete, merkte er, dass das Wasser in einer einzigen Nacht den ganzen Mist aus dem Stall entfernte. 9. Dann stand er auf, schloss die Tore, eilte zu Eurystheus und sagte, dass König Augias nun frei von Sorgen sei. 10. Und er fügte hinzu: „Ich habe gut gehandelt. Ich habe in einer einzigen Nacht den Stall ausgemistet (den Mist aus dem Stall entfernt). Nun ist Augias nicht mehr unglücklich (elend). Ich weiß es sehr wohl (Ich weiß es nicht nicht)." 11. Herkules glaubte, dass Eurystheus wirklich froh sei. Doch der König antwortete nichts; denn er war sehr erzürnt, weil Herkules die Arbeit nicht allein getan hatte.

15 Kampf mit den Giganten

1. Herkules hatte nach langer Zeit endlich alle Arbeiten, die ihm Eurystheus aufgetragen hatte, gut erledigt (durchgeführt). 2. Deshalb beschloss der König, dass Herkules nicht mehr sein Sklave, sondern frei sein solle. Da zeigte sich der starke Mann sehr erfreut. 3. Doch bald spürte er, dass er nicht glücklich ist. Er glaubte (urteilte) nämlich, er könne nicht (es sei ihm nicht möglich zu ...) ohne Abenteuer (Gefahren) sein. 4. Denn er war es immer gewohnt, mit seinen Kräften anderen Hilfe zu geben. Er dachte bei sich lange über seine schlimme (ernste) Lage nach. 5. Während er jedoch durch das Land (durch die Felder) irrte, näherte sich ihm die Göttin Minerva und sagte: 6. „Sei gegrüßt, Herkules, Jupiter ruft dich. Die Götter nämlich brauchen (beanspruchen) deine Hilfe. Sie wissen, dass sie ohne deine Hilfe in großer Gefahr sind. 7. Denn die Giganten, die entsetzlichen Söhne der Erde, kämpfen mit uns und wollen unser Reich zerschmettern (zerbrechen). 8. Die Götter aber wissen, dass nur ein sterblicher Mann die Giganten besiegen kann. Du bist dieser sterbliche Mann. Deshalb hat Jupiter mich beauftragt, dich schnell zu holen. 9. Also beeile dich! Hilf den Göttern! Kämpfe für die Götter! Jupiter hat dir die Unsterblichkeit versprochen." 10. Herkules gehorchte sofort und zögerte nicht, mit feurigem Mut gegen die Giganten zu kämpfen. 11. Die Giganten warfen soeben schwere Felsbrocken und brennende Bäume gegen (auf) die Götter, als Herkules ihren König Alkyoneus mit seinen Pfeilen tötete. 12. Die Götter sahen, dass Herkules erfolgreich (gut) mit den Giganten kämpfte und ihnen Hilfe bot. Bald sagte Jupiter erfreut: „Durch die große Tapferkeit des Herkules haben wir in kurzer Zeit die Giganten besiegt."

16 Tödliche Hochzeitsreise

1. Wir haben gelesen, dass König Eurystheus Herkules vom Sklavendienst (von der Knechtschaft) befreit und nach Hause entlassen hat. 2. Viele Dichter erzählen, er sei sogleich zu Deianira, seiner Freundin, geeilt und habe sie geheiratet. 3. Wer weiß jedoch nicht, dass die Griechen schon damals eine Hochzeit mit großem Aufwand gefeiert haben? 4. Auch Herkules und Deianira feierten dieses Fest mit vielen Freunden. Sie erfreuten sich mit köstlicher (angenehmer) Speise und viel Wein. 5. Dann traten sie an den Altar der Götter und opferten ihnen; auch Gelübde legten sie ab (machten sie). 6. Herkules dankte <seinem> Vater Jupiter, ebenso dankte er Minerva, weil er wusste, dass diese (sie) ihm immer gewogen gewesen ist. Er wusste sehr wohl, dass er <nur> mit ihrer Hilfe viele schwierige Arbeiten erfolgreich (gut) erledigt hat. 7. Darauf reiste Herkules mit Deianira zum Berg Öta in Thessalien (gelegen). Sie kamen zum Fluss Euenus; dieser führte Hochwasser (war durch viel Wasser sehr tief). 8. Deshalb wandte sich Herkules an den Kentauren Nessus: „Nessus, trage diese Frau durch den Fluss! Ich werde vorausgehen." 9. Und Nessus zögerte nicht, seinen Bitten zu entsprechen (zu gehorchen). Bereitwillig trug er die schöne Frau. Er befand sich bereits mitten im Fluss, als er sie plötzlich vergewaltigen wollte. 10. Deianira rief mit lauter Stimme. Herkules war, obwohl er weit von Deianira entfernt war, sofort bereit, ihr mit seinen Waffen zu Hilfe zu kommen. 11. Schnell hat er einen Pfeil auf Nessus abgeschossen und mit ihm (diesem) seinen Körper getroffen (berührt) und durchbohrt, wie die Dichter schreiben (Die Dichter schreiben, dass ...).

17 Aufstieg in den Olymp

1. Sterbend sagte Nessus zu Deianira: „Ich werde bald sterben (aus dem Leben weggehen). Dennoch will ich dir einen guten Rat geben. 2. Gieße mein Blut in ein Fläschchen! Trage es bei dir! Wenn du einmal merkst (merken wirst), dass Herkules dich nicht mehr genug liebt, verabreiche (gib) ihm mein Blut! Herkules wird sofort zu dir

kommen, er wird dich wieder lieben." Dann starb Nessus (ging aus dem Leben weg). 3. Herkules hatte aber nach einem Jahr keine Lust mehr, arbeitslos (ohne Arbeiten) zu sein. Oft dachte er bei sich: 4. „Wem werde ich helfen? Wen werde ich gegen Ungeheuer verteidigen? Mit wem werde ich Krieg führen? In wessen Reich werde ich eindringen?" 5. Deshalb beschloss er, neue Arbeiten auf sich zu nehmen. Bald ließ er seine Gattin in Trachis zurück. 6. Denn er wollte Krieg gegen König Eurytos und dessen drei wilde Söhne führen. In kurzer Zeit besiegte er sie mit seinen gewaltigen Kräften. 7. Nach dem Kampf nahm er Iole, die Tochter des Eurytos, gefangen und nahm sie als <seine> Nebenfrau mit. 8. Zu Deianira aber schickte er einen Boten und bat sie: „Schicke mir, meine <liebe> Frau, ein neues Hemd! Ich gedenke nämlich, dem Jupiter zu opfern. Der Gott wird mir dann immer ein Freund sein." 9. Deianira aber hatte alles über Iole durch Boten erfahren. Das beunruhigte und verwirrte das Herz der Gattin sehr. 10. Denn Deianira glaubte, dass Herkules aufgehört habe, sie zu lieben. Deshalb schickte sie ihm ein neues, mit dem Blut des Nessus getränktes Hemd. 11. Doch kaum hatte sich Herkules das Hemd angezogen, als sein Körper in Flammen stand (brannte). Offensichtlich war das Blut des Nessus vergiftet. 12. Bald starb Herkules (ging aus dem Leben weg). Damals ist er in den Himmel aufgestiegen und seit dieser Zeit weilt der hervorragende Mann bei den Göttern, wie viele Dichter überliefern (Viele Dichter überliefern, dass ...).

18 Theseus und der gefährliche Gastgeber

1. Herkules hat, wie wir erfahren haben, Theseus aus der Unterwelt zu den Menschen gebracht (geführt). Wer weiß nicht, dass dieser (er) der Sohn des Aegeus, des Königs von Athen, gewesen ist? 2. Theseus hatte jedoch, obwohl er schon ein junger Mann war, seinen Vater noch nicht gesehen. Er lebte nämlich auf dem Land fern vom Wohnsitz des Aegeus. Oft dachte er bei sich: „Wann werde ich meinen Vater sehen?" 3. Auch Theseus fasste den Entschluss (beschloss), die Menschen von Ungeheuern zu befreien. Weil er nämlich glaubte, Herkules habe ihm ein großes Beispiel für Tapferkeit und Menschlichkeit gegeben, wollte er es ihm durch gute Taten (Werke) gleichtun (ihn durch gute Taten erreichen). 4. Endlich zog er geradewegs in die Stadt, in der sein Vater König war. Fröhlich wanderte (ging) er über die Felder, eben watete (ging) er durch einen Fluss, als ihm plötzlich Prokrustes entgegentrat. 5. Diesen Mann fürchteten alle und sie zählten ihn zu den wilden Wesen (rechneten ihn zur Zahl der ...) 6. Er pflegte nämlich fremde Menschen in sein Haus einzuladen. Dort aber speiste er mit ihnen nicht, sondern tötete sie auf grausame Weise. Diejenigen, die sein Haus betreten hatten, sind niemals wieder herausgegangen. 7. Prokrustes fesselte zunächst die Gäste. Dann legte er, wenn der Körper eines Gastes lang war, ihn auf ein kurzes Bett und schnitt den überstehenden Teil des Körpers ab. 8. Wenn aber der Körper eines Gastes klein war, schlug er ihn mit einem Hammer auf die Länge des großen Bettes breit. 9. Prokrustes wollte auch Theseus, den er eingeladen hatte, fesseln. Doch er war nicht stark genug. Theseus überwältigte den Barbaren (Wilden) dank seiner Kräfte (mit seinen Kräften). 10. Darauf ist, wie wir wissen, Prokrustes auf dieselbe Weise zu Tode gekommen (zugrunde gegangen). Theseus legte ihn nämlich auf das Bett. Weil aber sein Körper lang war, schnitt er ihm den Kopf ab. 11. So hat Theseus den Prokrustes daran gehindert, sein grausames Handwerk noch länger auszuüben. Keine Menschen sind nachher durch seinen Wahnsinn umgekommen. 12. Schließlich hat die ganze Bürgerschaft Athens, die ihn voll Freude erwartet hatte, Theseus mit höchsten Ehren gewürdigt (erfreut). 13. <Sein> Vater Aegeus hat aber, so erzählen viele, ausgerufen: „Endlich, mein Sohn, sehe ich dich, endlich begrüße ich dich unter meinem Dach!"

19 Stierkampf bei Marathon

1. Bald schickte <sein> Vater Aegeus Theseus zur Stadt Marathon, die in Attika nicht weit vom Meer entfernt lag. 2. Dort verwüstete nämlich ein gewaltiger Stier das Gebiet und jagte den Menschen, die schon am Verzweifeln waren (an ihrer Rettung verzweifelten), großen Schrecken ein (erschreckte sehr). 3. Diesen Stier hatte Herkules einst mit dem Schiff aus Kreta nach Attika gebracht, wo er den Menschen große Gefahren bereitet hatte. 4. Schon Androgenes, der Sohn des Königs Minos, hatte ihn in der Ebene von Marathon bezwingen (überwältigen) wollen. Doch weder Kräfte noch Mut hatten ihn dazu befähigt (er war weder durch Kräfte noch durch Mut dazu fähig gewesen). Deshalb war er durch das rasende Ungestüm (die Raserei) des Stieres ums Leben gekommen. 5. Theseus aber hatte großen Mut; und er wollte sich auch dem Wunsch des Vaters nicht verweigern (nicht weigern, dem

Wunsch des Vaters zu gehorchen), sondern er war zum Kampf bereit. 6. Weil er keine Zeit verlieren (nicht zögern) wollte, beschloss er, sofort von der Stadt aufzubrechen (wegzugehen) und den Stier zu suchen. 7. Aber während Theseus den Stier suchte, begegnete ihm eine alte Frau (ging ... entgegen) und lud ihn mit sanften Worten in ihre Hütte ein. 8. Dort sagte sie zum Gast: „Willst du vielleicht den gewaltigen Stier bezwingen? Dies ist einem einzelnen (einzigen) Mann sicher nicht möglich. Überhaupt wollen sich Menschen diesem Ungeheuer nicht nähern. 9. Doch ich werde dir einen nützlichen Rat geben: Hüte dich vor den scharfen Hörnern des Stieres! Und ich will ein Gelübde ablegen (geloben): Wenn du das Ungeheuer niedergekämpft (überwältigt) hast (haben wirst), werde ich Jupiter ein Opfer darbringen." 10. Theseus antwortete: „Wenn ich als Sieger hervorgehe (-gegangen sein werde), werde ich dir immer sehr dankbar sein (großen Dank abstatten)." 11. Endlich nach zwei oder drei Tagen zeigte sich (dem) Theseus der Stier in der Ebene. Kaum hatte das wilde Tier Theseus gesehen, als es ihn mit großem Gebrüll und höchster Raserei angriff. 12. Theseus will dem Angriff des Stieres standhalten, er packt die Hörner der Bestie und drückt seinen Kopf mit aller Kraft auf den Boden. 13. Plötzlich reißt sich der Stier von Theseus los und dringt erneut mit seinen Hörnern auf ihn ein. 14. Theseus weicht ihm aus und verletzt mit der Keule seinen Kopf. Der Stier stürzt zu Boden und liegt dort. So hat Theseus das wilde Tier besiegt. 15. Wer weiß nicht, dass er schließlich den Stier zu seinem Vater schleppte und dem Apollo opferte?

20 Theseus im Labyrinth

1. König Minos hat Krieg mit den Athenern begonnen, weil er gehört hatte, dass sein Sohn Androgenes in Attika ums Leben gekommen war, und er hat diese (sie) bald besiegt. 2. Nun (Da) forderte er von Aegeus: „Schicke jährlich sieben junge Männer und sieben junge Frauen nach Kreta, die ich dem Minotaurus opfern werde. Wenn du aufhörst (aufgehört haben wirst), meinem Willen zu gehorchen, werde ich alle Bürger Attikas töten und du wirst sie nicht retten können." 3. So hat Minos den Athenern gleichsam eine harte Sklaverei aufgezwungen (auferlegt), die Aegeus nicht ablehnen (zurückweisen) konnte. 4. Dass Theseus aber den Stier von Marathon überwältigt hat, haben wir oben gelesen. Doch nun (da) wollte Minos, dass auch der Sohn des Aegeus zu den jungen Männern gehöre (in der Zahl der ... sei), die er dem König von Athen alljährlich nach Kreta zu schicken befohlen hatte. 5. Theseus jedoch zögerte nicht, an dieser Fahrt (Reise) teilzunehmen. Denn er war begierig darauf, den Minotaurus mit seinen Kräften zu töten (beseitigen) und die Athener von der Sklaverei zu befreien. 6. Der Vater konnte den Sohn nicht von der Fahrt abhalten; doch er befahl ihm: „Wenn du als Sieger aus Kreta zurückkommst (zurückkommen wirst), hisse (habe) auf dem Schiff weiße Segel!" Die Seeleute pflegten nämlich damals mit schwarzen Segeln auf dem Meer zu fahren (zu segeln). 7. Theseus drang auf der Insel sofort in das Labyrinth ein, bald erblickte er Minotaurus, ein gewaltiges Ungeheuer, das den Körper eines Menschen, aber den Kopf eines Stieres hatte. 8. Schnell griff er ihn an, packte ihn, kämpfte ihn mit seinen Kräften nieder und tötete ihn mit bloßen Fäusten. 9. Doch niemand hatte bis zu dieser Zeit aus dem Labyrinth entkommen können; deshalb wollte Ariadne, die Tochter des Minos, die Theseus liebte, ihm beistehen. 10. Sie hatte ihm schon, bevor er das Labyrinth betrat, einen Faden gegeben, mit dessen Hilfe er wieder herauskommen konnte. 11. Dann machte sich Theseus nach vier oder fünf Monaten mit dem Schiff auf den Rückweg nach Attika (kehrte ... zurück), doch er dachte nicht mehr an die Worte des Vaters. Er wechselte die Segel nicht. 12. Kaum jedoch hatte Aegeus die schwarzen Segel auf dem Schiff erblickt, da stürzte er sich sogleich ins Meer. 13. Obwohl König Aegeus den Tod gefunden hatte (umgekommen war), waren die Athener Theseus dennoch sehr dankbar (sagten ... großen Dank), weil er ihnen die Freiheit wiedergegeben hatte. 14. Schließlich nannten ihn alle voll Freude ihren König.